说话心理学

王芸◎编著

中国出版集团
中译出版社

图书在版编目（CIP）数据

说话心理学：智听版／王芸编著．—北京：中译出版社，2020.1

ISBN 978－7－5001－6163－9

Ⅰ．①说… Ⅱ．①王… Ⅲ．①心理交往－语言艺术－通俗读物 Ⅳ．①C912.11－49

中国版本图书馆 CIP 数据核字（2019）第 299510 号

说话心理学：智听版

出版发行／中译出版社
地　　址／北京市西城区车公庄大街甲 4 号物华大厦 6 层
电　　话／（010）68359376　68359303　68359101　68357937
邮　　编／100044
传　　真／（010）68358718
电子邮箱／book@ctph.com.cn

策划编辑／马　强　田　灿
责任编辑／范　伟　吕百灵
封面设计／泽天文化
印　　刷／山东汇文印务有限公司
经　　销／新华书店
规　　格／880 毫米×1230 毫米　1/32
印　　张／6
字　　数／135 千字
版　　次／2020 年 3 月第 1 版
印　　次／2020 年 3 月第 1 次

ISBN 978－7－5001－6163－9　　定价：32.00 元

前言

每个正常人从咿呀学语起，到寿终正寝止，在几十年的光阴中，不知道要说多少话。朱自清在《说话》一文中说："人生不外言动，除了动就只有言，所谓人情世故，一半儿是在说话里。"我们天天说话聊天，不见得就能熟能生巧，个个练出好口才。许多人说了一辈子话，没有说好几句话；一些人就凭几句好话，千百年来让人津津乐道。

在历史的长河里，有不少因绝佳的口才而闪耀光芒的人。战国时期，口才大师苏秦与张仪，一纵一横，皆词锋锐利，议论透辟，推事论理，切中时弊。他们"一怒而诸侯惧，安居而天下息"，可谓凭口才而纵横天下。三寸之舌，强于百万雄兵；一人之辩，重于九鼎之宝。一句话的巨大影响力甚至是你所料想不到的，刘备一言可以诛吕布，敬新磨片语能够救己命……你说口才有多厉害！近现代的诸多伟人，都同样具备纵横天下的口才。

每一个擅长说话的高人，都是深谙心理学的大师。从表面上看，高人似乎只是嘴上功夫好，但若没有其内在的心理学知识支撑，他会如同盲人一样，读不懂对手，也不知道如何去操纵对手。

同样一个意思，用不同的方式来表达，其效果有天壤之别。李四没有遵守对张三的承诺，张三对李四说："你为什么要欺骗我?"这话可能引起李四的不快与反感，继而引发一场意气之争或口水之战；但若换成"你这样做让我很难过"，或许李四会心生内疚并极力弥补他的过失。这只是日常生活中一个极其微小的例子，但从中可以看出心理学对于口才的重要性。

口才是否高超，关乎一生成败。遗憾的是，在我们身边，常常会看到有些人愿意穷其一生去学习各种专业知识，却忽略了口才能力的训练和提高。他们认为口才不过是嘴上的花拳绣腿而已，中听不中用。相信有这样偏见的人，在阅读完本书后会改变看法。

本书围绕几个重要的心理学效应，讲述了如何与不同的人说话，如何在不同的场景下说话，让你明白说话的分寸，掌握说话的技巧。不善言辞的人掌握沟通心理学能在恰当的时机对恰当的人说出恰当的话，进而应付不同场景，在人际应酬中更加游刃有余。

目 录

第一章
首因效应：把握好初次会面聊天

首因效应最早由美国社会心理学家提出。其概念来源于一个关于印象形成的实验：让被试者看写有六个形容词的牌子，内容是一样的，只不过顺序相反。第一张卡片上描写了：勤奋的、聪明的、冲动的、嫉妒的、爱批评的、顽固的。第二张卡片上是：顽固的、爱批评的、嫉妒的、冲动的、聪明的、勤奋的。实验之后，两种方式测试出来的结果截然不同，大家都愿意和第一张卡片上描绘的人交朋友，因为被测试者觉得这样的人更善于交际、更幽默和心情更愉快。

另一位心理学家也曾做过同样的实验：他让两个人完成一组类似的任务，在同样的条件下，甲在开始几个项目上完成得很成功，然后作业成绩持续下降。乙则在开始几个项目上完成得糟糕，但后来作业成绩稳定上升。甲和乙都答对了 *30* 个测试项目中的 *15* 个。然后琼斯找到一些人来预测甲和乙谁在接下来的表现会更出色，结果大家在观察了甲和乙的作业成绩后，他们都预测下一个阶段甲会做得比乙好，他们觉得甲很聪明，因为他在开头的业绩中表现得很好。

由此可见，在人际沟通和交往的过程中，第一印象对人际沟通和交往的成败起着关键性的作用。

4 分钟内散发迷人魅力

对于一个初次见面的人形成第一印象，大约需要多长时间呢？

1 秒钟？1 分钟？或者大约谈上 1 个小时之后？1 天？还是 1 个月、1 年？

以上的答案都是错误的。根据科学的心理学研究，人们往往形成第一印象只需 4 分钟的时间。美国著名的心理学家兹尼说，“在最初的 4 分钟内就会形成对一个人的第一印象，而且这个印象会有才长久而关键的影响力。”

但这还足以令人惊叹，因为甚至有专家认为 4 分钟太长了，形成第一印象其实只需“6 秒钟”。还有一些研究人员认为“0.1 秒就足够了”。

公司里来了一个新同事，我们往往只从第一眼开始就已经认定了此人属于哪种类型，也决定了我们的好恶。

但是，在几秒钟之内形成的只是“喜欢还是讨厌”这样大体上的印象，而要形成清晰、完整的第一印象还是需要大约 4 分钟的时间。4 分钟虽短，但如果你不能在这 4 分钟内展现自己的最大魅力，别人对你的印象就基本已经固定化了。

如果不能在 4 分钟内，让对方对初次见面的你产生足够的好感，之后你再怎么努力，都很难改变对方对你的印象。阿斯顿大学的奈力鲁·安塔松博士通过模拟面试的实验证明，在最初的 4 分钟内，面试官就会清楚地做出判断，应试者是否可以被录用。其实，敏感的人在面试开始的时候，就已经知道自己是否会被聘用了。

请大家回想一下自己的实际情况是不是如此：在和最亲密的朋友初次见面时，你是不是瞬间就感觉到，这个人一定会成为一生的朋友。那种感觉就像得到了某种暗示似的，这就是第一印象的力量。

大部分人与别人初次见面时都会感到紧张。因为不知道面前的到底是怎样的一个人，所以难免会拘谨。陌生人总是带来很多不确定性，不在我们的有效掌控之内。我们既要尽量缓解这种紧张情绪，又要在有限的4分钟内展现出自己的最大魅力，实在不是一件容易的事。

在初次见面时，你一秒钟都不能掉以轻心。特别是在最初的4分钟内，一定要尽力展现自己的最大魅力。如果认为即使现在给对方留下了不好的印象，以后还可以找机会挽回，那就大错特错了：一个人是不会花费那么大的时间成本来重复认识一个人的价值的。

这就像制作模型一样，与其在制作后中途又返工，不如从开始就定好标准，制作得准确无误。初次见面的情形也是这样。在刚开始寒暄的阶段，不，在见到对方的一刹那，就应该运用一切战术给对方留下尽可能好的印象。

距离再远也要主动打招呼

当我们漫步街头或是乘地铁时，经常会碰到一些不太熟的人，这时，我们往往会犹豫：该不该打招呼呢？

沉默或在犹豫中错过，是大多数人的选择。他们会担心：我要是冒昧打招呼，也许对方会觉得唐突，那多不好啊。或是想：跟他能有啥好聊的呢。犹豫的同时，错过了打招呼的机会，或者立刻改变自己的路线，故意不打招呼就溜走了。

请大家记住，如果认识对方，就一定要主动上前打招呼。有句话叫“人脚会带来肥水”，只有平时就主动和他人寒暄，热衷于和他人交流，才能扩大你的交际圈和商机，也才能保持热络的感情。

当你遇到了认识的人，哪怕还相隔 100 米，也应该先点头致意。主动和对方打招呼，能抬高对方，这样做很容易让方心情愉悦，觉得别人很尊重自己，自己是个大人物。但是，打招呼中慢了的一方往往会有“糟了”“我太失礼了”的心情，所以也不要太过于主动地去打招呼。要善于掌握好这之间的“度”，不能弄巧成拙。

打招呼时，应先下手为强。首先开口打招呼的人，就能牢牢把握住对话的主动权。不管对方地位多高，岁数多大，你主动向他们打招呼的话，都能在他们心理上施加一定的压力，有可能使他们跟着你的节奏进行对话，从而把对话向对自己有利的方向引导。

有一项心理学实验证明，如果让一些人组成小组进行讨论，首先发言的人很自然地就会成为会议主席。从我们个人的经验来看，这也是非常容易理解的，因为我们每个人就基本上经历过此类事情。

当你远远看到认识的人向这边走来，如果觉得“现在打招呼有点太早”，就暂时先把头低下，然后慢慢抬起头，露出微笑，向对方走去。这时，对方已经被你的气势控制，你可以随心所欲地选择话题或是控制对话的节奏。

善于打招呼以及和他人寒暄的人容易得到别人的青睐。因为这类人总会笑眯眯地、大声地说“你好”，这样的问候会让人精神为之一振，心情变得很愉快。就我们自身来讲，如果别人主动和我们打招呼，我们的自尊心就会立刻得到满足。我们会感觉得到了别人的承认，会非常快乐。你难道没有过这样的感受吗？

你在主动出击去打招呼的时候，切记要稍微做得夸张一点。这一点在所有的人际交往技巧中都适用，因为不稍微做得夸张一点的话，对方往往注意不到你的行为。既然你是主动打招呼，那就不要只是微微一低头，嘟嘟囔囔地说一声“你好”，而应充分显示出自己的活力。

因此，无论相隔多远，都应该先向对方打招呼，这是非常有用的法则。

藏在握手中的奥妙

握手在生活中太常见了。第一次见面要握手，熟人再次相见也要握手，正式场合还得跟在场者一一握手。我们不禁要问，到底握手是怎么起源的呢？

据历史记载，握手之礼起于中世纪的欧洲。当时身着戎装的骑士侠客盛行，一个个头顶铜盔，身披铠甲，腰挂利剑，就连一双手也罩上了铁套，示人以豪气，让人敬而远之。可见了亲朋好友怎能还这般冰冷待人，于是免去铜盔，脱下铁套，与之握手，同时表示我的右手不是用来握剑杀你的，这正是握手的起源。现代人当然不致还浑身散发出那样的杀气，但握手之风已经席卷所有文明国家了。

但是，现代的握手所代表的含义，已经大不相同了了。根据研究显示，一般说来，握手可以传达以下 3 种信息：“我的力量（地位）比你更胜一筹”；“让我们以平等的关系互相协作吧”；“我服从你”。下面将从这 3 种不同的信息，分别来介绍一下握手的奥妙。

第一，让对方感觉到你的气势。

如果你想让对方听你说话，或是想传达“我是负责人”的信息时，握手时手掌应该向下。这样就显示了“你的地位比我低”的气势。此外，握手时间稍微长一点，也能让对方感觉到你的气势。因为这在无形中传达了“我已经控制了你”的信息。

根据对一些顺利成为高层管理者的人的调查，采用这种握手方式的人能够更快取得成功。

我们经常可以遇到那些上了年纪的人，每次闲聊时都津津回味当时和某位大领导握手的光荣经历。他们会说，他的手是多么的有力、多么的温暖啊，不愧是当大领导的人。

第二，想和对方建立平等的关系。

如果你想和对方建立平等的关系，应该用和对方相同的力量去握对方的手。如果对方伸过来的手非常有力量，那你就应该同样有力地去握手。如果对方只是轻轻一握，那你就同样轻轻地握对方的手。这样就传达了“我和你相互配合”的意思。

此外，握手时手应该尽可能平着伸出去。如果自上而下伸出去的话，就成了气势型握手；从下而上像讨要东西一样伸出去的话，就成了服从型的握手。

一般人如果和NBA球星握手，那肯定是属于服从性的了。

第三，表示你服从对方。

如果对方的权势及地位比你高很多，为了迎合对方，在战术上应该表现自己弱的一面。在这种情况下，应该采用服从型的握手方式。

想传达“我愿意服从你”的信息时，应该让手掌朝上，像讨要东西那样把手伸出去。这和气势型握手正好相反。如果对方伸出来的手非常有力量，你就要稍微减轻一下力量。当然也不能软弱无力，但应该向对方传达出根据对方握手的力量，你已经做好了抽手准备的信息。

此外，政治家们经常使用的用两只手去握住对方一只手的握手方式，可以达到增强亲密程度的效果。但这个姿势并不是在所有国家都实用，日本人就很不喜欢。

攀亲拉故，找到交集

跟陌生人第一次聊天，最常用的方式就是攀认式，可以攀亲友、攀老乡等等。生活在社会中，每个人都会有自己的关系网，只要彼此留意，就能够发现双方有着这样或者那样的交集。找到了交集，就能迅速消除陌生感。

攀亲拉故就像是一把钥匙，能打开两个人之间沟通的那扇门，不只现代人如此，就连古人都善于运用这种方法来拉近两个人之间的距离。

赤壁之战中，鲁肃见诸葛亮的开场白是："我，子瑜友也。"子瑜，就是诸葛亮的哥哥诸葛瑾，他是鲁肃的忘年之交。短短的一句话就拉近了鲁肃跟诸葛亮之间的关系。

"你是南开大学室内设计专业毕业的？我也是，你是哪一届的，应该是我师哥吧？"既然是校友，又是同一个专业，陌生感自然就减少了很多。

"你也是杭州人啊，真是老乡见老乡，两眼泪汪汪啊。听到这熟悉的乡音，真让我激动啊！"

这种初次见面互相攀认式的谈话方式，很容易搭起陌生人之间谈话的桥梁，使人在短时间内产生一见如故的感觉，从而给对方留下良好的第一印象。

敬慕式的谈话方法给人一种贴心的感觉。对陌生人的才华、能力表示敬重、仰慕，这是热情有礼的表现。不过要注意掌握分寸，敬慕要恰到好处，不能胡乱吹捧，否则会让对方产生厌恶感。

"您的作品我曾拜读过多次，从中学到了很多东西，可谓受益匪浅！没想到今天竟能在这里见到您，真是荣幸之至啊"

"'桂林山水甲天下'，我一直渴望去桂林一饱眼福呢，很高兴能认识您这位桂林的朋友。"

"以前只在电视和杂志上见到过您的美貌，今天能一睹您的芳容，真是明白了何为倾国倾城啊。"

几乎每个人都喜欢别人看到并赞美自己的长处。那么，初次见面交谈时，我们应该投其所好，以直接或间接的方式指出对方的长处并赞扬一番，这样的开场白能使对方高兴，从而对你产生好感，进而激发交谈的积极性。反之，倘若总是有意或无意地触及对方的短处，伤及对方的自尊心，交谈的效果便可想而知了。

被誉为“销售权威”的霍依拉先生有自己独特的交际诀窍：初次见面交谈一定要扬人之长避人之短。一次，为了拉广告，他前去拜访梅伊百货公司总经理。寒暄之后，霍依拉突然开口问道：“您是在哪儿学会开飞机的？总经理居然能开飞机，可真不简单啊。”话音刚落，总经理兴奋起来，谈兴大发，广告之事当然不在话下，霍依拉还被总经理热情地邀请去乘坐他的自备飞机呢！

俗话说：“酒逢知己千杯少，话不投机半句多。”有的人相处一辈子却形同陌路，而有的人却一见如故。好的开场白能够使两个萍水相逢的人在短暂的时间内达到心灵上的共鸣，从而把谈话轻松愉快地进行下去。

同病相怜，同忧相救

很多人在与陌生人相处时，会感到无话可说，觉得无所适从、浑身不自在。这时，不放聊聊双方都面临的困惑与困难，从而达到“同病相怜”的效果。

别总是你叫什么名字、什么工作、家住哪里之类的“尬聊”，高尔夫啦、经济形势啦、麻将啦、电视啦，这些话题也太普通，你可以试试聊“我很难”的话题。

在心理学中，把主动告诉对方自己的个人信息这一做法叫作

“自我展示”。开诚布公地说一些类似“我最近遇到了麻烦”的知心话，正是一种自我展示的技巧。

根据得克萨斯大学心理学系的理查德·安恰博士和乔赛夫·巴莱松博士的实验，我们得知，对初次见面的人说知心话，最好的时机不是谈话刚开始时，而是后半段时间。也就是说，应该这样分配时间，在谈话的前半段迅速搞定工作的事情，在后半段聊一些有关个人信息的闲话。

需要注意的是：聊这些话题并不是要当一个吐苦水的“祥林嫂”，也不要给对方造成想要对方帮自己解困的误会，聊这些只是为了产生共鸣。也就是说，如果对方没有产生兴趣，就不要继续这个话题了。

让自己和对方同化

有位朋友想转换工作，到一家外商公司应聘。通过笔试后，接着是面试。

“听说那家公司的主管很严格，要怎样办才好呢？我对自己一点信心也没有。”朋友向我问道。

“公司介绍本上不是都会刊登董事长及各级主管的照片吗？你也如法炮制吧，他们如果穿深蓝色西装配红色系领带的话，你也不妨照着这样的搭配穿着去面试。”

大约十天后，那位朋友很愉快地打电话来。“成功了！面试主管和我系相同的领带，我觉得他马上就接纳我了，而且我这个新工作的年薪比之前的还提高了两成，我太高兴了！”

我想我这位朋友成功的主要因素应该在于和对方“相似”，因为一般人对于和自己相似、有共同点的人往往会有种莫名的好感。请找一个和自己最亲近的朋友想一下，那个人是不是和你同年龄？是否属于相同学校或社团？趣味及喜好是否很相似？

英文的 like 是“喜欢”的意思，另外还有一个意义，就是“相似”。相似等于喜欢，放到人际关系中来讲，也就是“喜欢相似的人”。这个论点在美国 NLP（神经语言系统）的学理上，已经得到证明。

简单地说，从服装、呼吸，到走路、姿势、说话方式，我们和亲近的朋友之间都有相似的地方。沉浸在爱河中的情侣们也都会很自然地摆出同样的姿势，当一个人将手交叉在后面时，另一个人也会有相同的举动出现，就好像在照镜子一般。长年生活在一起的夫妇，外表看起来很相似，也是同样的道理。

人际沟通中，不经意地模仿对方的动作，是博得对方好感的好方法。

“相似等于喜欢”的理论，同样可以应用在语言上。感情好的朋友，往往都会用相似的语言。反过来说，如果想要和对方变得亲近，就必须配合对方，使用和对方相似的语言。例如，和喜欢使用外文及流行语的人交往，自己也要下意识地使用外文和流行语；对方如果有特殊口音，虽然不需要全部用相同的口音说话，但也应尽可能以相似的腔调说话；面对说话速度快的人，讲话速度就要比平常快一点；对常使用专门用语的人，也要以同样的方法相待。

恰当的自我介绍

从交际心理上看，人们初次见面，彼此都有了解对方并渴望得到对方尊重的心理。这时，如果你能及时地、简明地进行自我介绍，不仅满足了对方的渴望，而且对方也会以礼相待、自我介绍。这样，双方以诚相见，就为进一步交往奠定了良好的基础。

自我介绍在社交活动中给人的第一印象会产生微妙的影响。一次漂亮的自我介绍，往往能够成为与他人有效沟通的桥梁，我们对一个人的好感、好印象，常常是从时机恰当、大方得体的自我介绍开始的，不管新朋友、新同事还是新客户皆是如此。如果能运用好自我介绍这把钥匙，那么无论是在工作还是在人际交往中，你都能够得心应手；反之，如果自我介绍平淡无奇，不能给别人留下深刻印象，那么你的交际活动也就意义不大。与人交往时，不管你是主动自我介绍，还是经由他人代为介绍，都不应该表现得太冷淡或者太随便，因为让人印象深刻的互相介绍是双方正式谈话最为重要的一步。

自我介绍是一种拉近双方关系的语言艺术，这种艺术需要以真实诚恳、热心礼貌为基础。自我介绍不是简单地自报姓名，其中还有不少讲究。

1. 找准时机

要抓住时机，在适当的场合进行自我介绍。如应试求学时、在交往中与不相识者相处时、有不相识者要求自己做自我介绍时、有求于人而对方对自己不甚了解或一无所知时、旅行途中与他人不期而遇并且有必要与之建立临时接触时都要进行自我介绍。要在对方有空闲而且情绪较好又有兴趣时进行介绍，这样就不会打扰对方。

在聚会中，主人一般会先做自我介绍，因为他是整个聚会的焦点，有必要让大家先了解一下。其他场合的自我介绍需遵循一个原则：地位低的人应先做介绍，以便让地位高的人了解自己。也就是，相对年轻的人要主动向别人介绍自己，接下来长者再做自我介绍以回应。当然，在实际交往中，若你的地位比较高，但对方不太懂得礼仪，那么先介绍自己也无妨，这样可以避免尴尬。

2. 把“我”说好

自我介绍少不了说“我”，给别人什么样的印象，关键就是看你如何把这个字说好了。有人在自我介绍时每句话都有一个“我”字，听众怎么会不反感呢。有的人说“我”时语气特别重，语音有意拖长，似乎想要通过强调“我”来树立自己的高大形象。更有甚者说“我”时得意扬扬、咄咄逼人、不可一世。这样的人在自我介绍时不过是孤芳自赏罢了，只能让人认为他骄傲自大。

所以，在合适的时候平和地说出“我”字，目光亲切、神态自然，才能让他人感受到一个自信、自立而又自谦的美好形象。

3. 独辟蹊径

通常情况下，自我介绍就是报上姓名、工作单位、职业、学历、特长或兴趣爱好等等，像这种千篇一律的自我介绍几乎不能给人留下印象。

因此，要想让别人记住你，自我介绍时就要与众不同，以独特的方式去介绍自己。在自我介绍时，尽量选择使对方感到有意义、又觉得顺其自然的内容，采用生动活泼的语言把自己“推销”给别人。

4. 详略得当

在一些特定情况下，自我介绍的内容需要全面、详尽，不仅要把姓名、身份、目的、要求讲清楚，还要介绍自己的经历、学历、性格、专长以及兴趣爱好。为了取得对方的信任，有时候应讲一些具体事例。比如，求职应聘时，就要做到这些。

5. 巧妙注释

“自报家门”是自我介绍不可或缺的部分，为了让对方准确听清自己的名字，往往要对“姓”和“名”加以注释，注释得越巧，给人留下的印象就越深刻。对姓名的注释不仅可以反映一个人的知识水平、性格修养，而且能够反映一个人的口才能力。

称呼对方的名字

美国有位房地产大亨，他有一个绝招：只要是他看中的土地，无论地皮的主人如何拒绝，他都有办法成功地收购到手。

他的做法是在那些始终不肯出卖土地的大客户面前，展示出冠有对方大名的大楼模型，说：“如果你把土地卖给我，我就可以以你的名字命名，建筑一栋有格调的大厦。”

大楼刻着自己的名字——这个诱饵使得许多人都愿意将自己的土地卖给他。

在向人打招呼时，要使对方有一见如故之感，最好的办法就是称呼他（她）的名字。每个人都对自己生来就一直使用的名字非常熟悉，当被人以亲切的口吻称呼名字时，会觉得非常温馨。被称呼的次数越多会越高兴，并且会对对方产生好感。由此可见，亲切地称呼对方的名字，是打开厚厚的戒备心理之门的有效钥匙。

所以在初次交谈中，可以多称呼对方的名字，比如可以说："静静，你认为是这样吗？"或许"小君，您的意见是怎样呢？您所说的……"等等。对三个字的姓名，称呼后两字比较亲切，如果名字是两个字，则可以称呼全名或小×。值得注意的是，对于长辈或领导，我们不能直称对方的姓名，以免引起对方不快。

美国交际家戴尔·卡耐基说：在交际中最简单、最明显、最重要、最能得到好感的方法，就是记住人家的名字，使他有受到重视的感觉。

遇见熟人，脱口叫出他的名字，显得自然而亲切。如果叫不出人家的名字，就会感到语塞，或称呼失当，交往的大门就不那么容易打开。

和陌生人第一次接触，应先问问"您贵姓？""您怎样称呼？"要尽可能在不十分熟悉之前就记住他的名字。

否则一旦很熟悉了还叫不出名字，这时再去问"您贵姓"，就有点问不出口了。

如果实在记不起对方的名字和职务，可以微笑着说"你好"，这是万能用语。

许多成功人士的经验告诉我们，记住别人名字的多少与交往范围的大小和事业的成败成正比。

一个政治家，记住幕僚的名字可博得拥戴；一个管理者，记住下属的名字能指挥自如；一个教师，记住学生的名字可赢得威信；任何一个人，记住他所结识过的人的名字，都会受到对方的喜爱。

这是因为，人都希望得到别人的尊重，而记住他的名字，是尊重他的最简单的表示。

聊不下去了怎么办

与陌生人见面，很容易聊着聊着，双方突然都静了下来，不知道该怎么接下去，也不知道该换一个什么样的话题。这种冷场，有时候是因为一方对另一方说的内容根本不感兴趣，有时候是因为一方说的意思和对方的理解有偏差。冷场的尴尬会让人觉得不自在，也会冷却彼此之间的好感，从而破坏了双方的第一印象。

一男士向人际专家请教，他和女朋友感情很好，但是因为最近分开在两地，只能打电话联系，但是每次打电话总是冷场。两边都保持静默是一种很不好的感觉。他们的感情挺好，但是这种沉默使彼此之间没有了安全感，好像因为分隔两地感情就淡漠了。

这位朋友拿起电话不知道该说些什么，一个话题说完紧接着就没有了话题。这就出现了冷场。拿起电话聊天就是为了增进彼此之间的感情，如果出现冷场反倒会起到反作用。你可以尝试少指责、多赞美，看对象、找话题。

美国作家莉儿·朗帝说："永远不要不读报纸就出家门。"脑子里没有知识和信息，跟人交谈就难免冷场。所以，多增加知识储备，多了解社会信息动态会为我们在谈话中提供丰富的谈资，减少冷场。

如果进行第一次交谈时，沟通数语就陷入冷寂或沉默，这时我们要积极选择恰当的话题继续谈话。如果你发现自己没什么话要说的时候，不妨从当天的新闻里找到要聊的内容。比如国际局势或你们所在地区的经济状况，或者是报纸的热门报道，又或者从周围的环境中找到一些要谈论的话题，比如大厅的装潢，房间的装饰，这些都是不错的选择。

当你第一次和陌生人谈话时，心里会比较紧张。这时，你可以试着把对方想象成自己的一个最好的朋友，然后放下心里的不安，用友好和微笑的态度和对方谈话。

有人谈论起一个话题就没完没了，这样难免会冷场，要避免冷场还要记得当某个话题无话可说时，一定要果断地结束这个话题。换一个更有趣、更积极的话题，但要注意以积极乐观的主题开始，不要一开始就抱怨你的工作、老板或是其他人员，人们一般不愿意听这些。话题可以是你的一次旅行，一些有趣的见闻等令人感兴趣的事情。

那么，我们应该如何在第一次见面前避免冷场呢？

第一，在和对方沟通之前，要搜集对方的相关信息。比如，对方的兴趣爱好、对方的职业等。比如从事编辑的某女士与当老师的某男士第一次约会，女士就可以问男士具体教什么课，一周多少节课，如此便可以避免冷场的尴尬了。

第二，善于察言观色。如果我们之前没法掌握他的信息，就要察言观色了，特别是刚开始沟通时，可以通过对方的话语来分析他的兴趣爱好，得知他的兴趣爱好后，我们就可以引导他谈论更多的内容，冷场也就不会出现了。

对于谈话中出现的冷场，我们要具体分析，及时寻找合适的话题，掌握谈话的主动权，这样才能促进沟通的顺利进行。

近因效应：把握最后一分钟

在初次见面中，人们普遍重视开头，万事开头难嘛，而对结束谈话，人们往往不以为然。说话完了，说声“再见”不就结束了吗？

其实，结束谈话并非如此简单。我们还得了解“近因效应”，与首因效应相反，近因效应是指当人们识记一系列事物时对末尾部分项目的记忆效果优于中间部分项目的现象。这种现象是由于近因效应的作用。前后信息间隔时间越长，近因效应越明显。原因在于前面的信息在记忆中逐渐模糊，从而使近期信息在短时记忆中更为突出。

相对而言，在人和人交往的初期，也就是在彼此间还比较生疏的阶段，首因效应的影响更重要；而在交往后期，即在彼此之间已较熟悉时期，近因效应的影响则更重要一些。然而，在初次的人际沟通中，近因效应更容易让人记忆持久深刻。因此，在初次见面时，人与人之间沟通时都应当好好表现自己，即不但要重视好的开头，更要重视好的结尾，不然留下再好的开头也无济于事。总之，第一次和陌生人交谈，切忌虎头蛇尾。

有些人天生反应就有些迟钝，一坐下来就忘记了时间观念，以致打扰太久，使主人宝贵的时间都浪费掉了。这时有些人会应用上述的方法来下逐客令；有些人脸皮比较薄，有些人则是修养甚佳，不好意思有所表示。不过，心里的焦急，总会在表情上或行动上表现出来，其中比较常见的一种动作就是主人偷偷地看表，这点也是最容易让人忽略的一点。

如果你在与他人初识的时候，谈话中发现对方瞄了一下钟表，就应该立即做好结束话题的准备，起身告辞，只有这样才会给对方留下一个好印象。不然没完没了地说下去，对方会由不耐烦转为厌恶，那就得不偿失了。

有些人频频看表之后，发现对方依旧没有告辞之意，这时就会直接问对方："现在几点了？"如果对方仍然没受到任何影响，可能会说："啊！已经十点了！"如果这样说对方还不知道，那就是个麻木不仁的家伙，可以毫不客气地对他下逐客令！

如果在见面之初就说好打扰到几点，免得耽误别人的事，这样做也会给对方留下一个好印象。另外，在交谈结束后，也要考虑运用能给对方留下深刻印象的告别语，而不是简单的"再见"二字。

1. 征询式收尾

交谈结束前，你根据自己的"谈话使命"综合"交谈情况"——即目的与交谈后的吻合情况向对方征求意见、说明、要求或建设性的忠告、劝诫，等等，这就是征询式收尾。

当你与下属交谈工作结束时，你应说："你还有别的什么要求和意见吗？"

"你生活上还有困难和要求吗？只要有可能，我们将尽力帮助解决……”听者也应同样征询对方：“除了工作之外，你对我还有其他意见和看法吗？如果现在想不起来，日后尽管提，我是不会计较别人对我提意见的方式的……”

在交谈艺术中，征询式的收尾往往给人以谦逊大度、仔细周到和深沉老成的印象。运用征询式的收尾，对方听了无疑有一种心悦诚服、倍感亲切、心心相印的感觉，从而取得融洽关系、进展事业的良好效果。

2. 道谢式收尾

道谢式收尾，在交谈艺术中具有较强的礼节性，它的基本特征是用讲“客气话”作为交谈的结束语和告别话。道谢适用的场景和对象是最广泛的，无论是上下级、同事、亲朋还是熟人、邻舍以及初交者之间都是适宜的。

从谈者可用“听君一席话，胜读十年书”“你对我学习上的帮助和生活上的关怀，我感激不已”结束。

3. 祝愿式收尾

这种收尾方式的特点是，不仅具有较强的礼节性和情趣性，而且还具有极大的鼓动力，如再加上适当的口语修辞，它的效果无疑会非常显著。如：“再见吧，路上保重。祝你一帆风顺！”“祝您成功，恭候佳音！”

4. 邀请式收尾

邀请式收尾的基本特征是运用社交手段向对方发出礼节性邀请或正式邀请。前者的效用体现了“客套式”所需的礼仪，后者则表现了友谊的生命力。

如“客套式”邀请：“如果您下次路过北京，请到我们家来做客。再见！”

如正式邀请：“今天我们就说到这里吧，后天下午 5 点钟请你到我们家吃顿便饭，那时我们再长谈吧。再见！”

上述这两种邀请式收尾语，在社会交际中都是必不可少的。“客套式”邀请也是一种礼节，正式邀请更是一种友好和友谊的表示。运用这种结束语，无疑是符合社交礼仪的。

第二章
保龄球效应：积极鼓励胜过消极鼓励

两名保龄球教练分别训练各自的队员。他们的队员都是一球打倒了7只瓶。教练甲对自己的队员说："很好！打倒了7只。"他的队员听了教练的赞扬很受鼓舞，心里想，下次一定再加把劲，把剩下的3只也打倒。

教练乙则对他的队员说："怎么搞的！还有3只没打倒。"队员听了教练的指责，心里很不服气，暗想：你咋就看不见我已经打倒的那7只。

结果，教练甲训练的队员成绩不断上升，教练乙训练的队员打得一次不如一次。

积极鼓励往往会带来积极的效果，消极鼓励往往会带来消极的效果——这被称为"保龄球"效应。

人性深处最本质的渴望

获得他人的承认与肯定，是人性深处最本质的渴望。在戴尔·卡耐基的《人性的弱点》一书中有这样一段话：美国钢铁大王安德鲁·卡内基选拔的第一任总裁查尔斯·史考伯说："我那能够使员工鼓舞起来的能力，是我所拥有的最大资产。而使一个人发挥最大能力的方法，是赞赏和鼓励。再也没有比上司的批评更能抹杀一个人的雄心。我赞成鼓励别人工作。因此我急于称赞，而讨厌挑错。如果我喜欢什么的话，就是我诚于嘉许，宽于称道。但一般人怎么做呢？正好相反。如果他不喜欢什么事，他就一心挑错；如果他喜欢的话，他就是什么也不说。"

史考伯说："我在世界各地见到许多大人物，还没有发现任何人——不论他多么伟大，地位多么崇高——不是在被赞许的情况下比在被批评的情况下工作成绩更佳、更卖力气的。"

而安德鲁·卡内基甚至可能在他的墓碑上也不会忘记称赞他的员工，据说他为自己撰写的碑文是："这里安葬着一个人，他最擅长把那些强过自己的人组织到为他服务的管理机构之中。"

心理学家研究证明，积极鼓励和消极鼓励（主要指制裁）之间具有不对称性。受过处罚的人不会简单地减少做坏事的心思，充其量，不过是学会了如何逃避处罚而已。我们常常听到这样的议论："干得越多，错误越多。"潜台词就是：为了避免错误，最好的办法是"避免"工作。这就是管理者不当的批评、处罚等

“消极鼓励”的后果。

而“积极鼓励”则是一项发掘员工潜在的工作积极性的管理艺术。受到积极鼓励的行为会逐渐占去越来越多的时间和精力，这会导致一种自然的演变过程，员工身上的一个闪光点会放大成为耀眼的光辉，同时还会“挤掉”不良行为。

要想学会真诚的赞赏，首先就要学会从员工身上发现闪光点，特别是在面对某种失败的情况下，更要善于找到积极的因素来进行鼓励。用好赞赏的技巧，关键是要把“注意力”集中到“被球击倒的那 7 只瓶”上，别老忘不了没击倒的那 3 只。

要相信任何人或多或少都有长处、优点，只要“诚于嘉许，宽于称道”，就会看到神奇的效力。

精神食粮让身心愉悦

赞美让失败者重新燃起希望的火把，让犹豫者更加坚定自己前进的步伐，让自卑者忘却失意，重拾自信。成功学大师拿破仑·希尔曾说：“人类最深的需要是渴望他人的赞美。”根据马斯洛的需求金字塔，人除了基本的生存需求外，还需要更高层次的需求——精神食粮带来的身心愉悦，而精神食粮之一便是赞美。

春风化雨，一句赞美的话能瞬间改变人的心境，让人的态度从消极冷淡变得愉悦热情。人人都需要赞美，渴望被赞美是人类普遍的心理需求，是人性中最根深蒂固的本性。

一位老人衣衫褴褛，每天都会出现在街头固定的地方，卖艺求生。他的弹奏很精彩，有很多人施舍给他钱财，不一会儿，他面前的钱就堆积得很可观了。可是老人一直都不去看满满的钱罐，只是静静地闭目坐着，继续自己的弹奏。忽然，一阵热烈的掌声唤起了老人的注意，“你的弹奏真是美妙极了！”一位游人边鼓掌边真诚地发出赞叹。老人的脸上露出了欣慰的笑容，原来老人一直期待的就是一位赞美者。

林肯曾说：“每个人都希望受到赞美。”赞美是一种精神的褒奖，它不同于物质上的满足，能让人产生更长久的幸福感。故事中的老人虽然是一个靠卖艺为生的乞讨者，但是追求赞美也是他最大的内心需求。满罐的钱都没有让老人抬眼，只一阵热烈的掌声就让老人露出了欣慰的笑容，由此可见，人人都渴求得到赞美，赞美是人类灵魂需求的一部分。

人际关系专家卡耐基曾说：“喜欢被人认可，感觉自己很重要，是人不同于其他低级动物的主要特性。”正是因为有这种需求，人们才会不断表现自我，超越别人，追求完美，以期得到更多的赞美。莎士比亚说：“赞美是照在人心灵上的阳光。没有阳光，我们就不能生长。”可见，赞美就像阳光一样温暖着我们的灵魂，如果生活中没有了赞美，我们的生活就没有了养料，就无法正常生长。

马克·吐温说过：“听到一句得体的称赞，能使他陶醉两个月。”在生活中，我们每个人都期待他人的赞美，因为每个人内心都希望自己所付出的努力被别人看到，自己所取得的成绩被别人称赞。赞美是对自我价值的肯定，是精神的奖杯。赞美的话能给人自信，让人精力充沛，让人获得内心的满足。

赞美是一种美好的情感体验，它让人快乐，给人自信。它带给我们的不仅是一时的愉悦，而是长久的快乐。

美国“钢铁大王”卡内基，曾经开出100万美元的超高年薪聘请一位执行长夏布。当时，许多记者问卡内基原因，卡内基说：“他那一张会赞美别人的嘴值得我为之付出这样的薪水。”

父母经常赞美孩子，家庭气氛和睦、欢乐，领导经常赞美下级，职工的积极性、创造性不断被激发，被调动。赞美之于人心，如阳光之于万物。在我们的生活中，人人需要赞美，人人喜欢赞美。这绝不是虚荣心的表现，而是渴求上进，寻求理解、支持与鼓励的表现。

爱听赞美，出于人的自尊需要，是一种正常的心理需要。经常听到真诚的赞美，明白自身的价值获得了社会的肯定，有助于增强自尊心、自信心。

有的人吝惜赞美，很难赏赐别人一句赞美的话，他们不懂得，多正面引导，多表扬鼓励，是思想教育工作的一条规律。予人以真诚的赞美，体现了对人的尊重、期望与信任，并有助于增进彼此间的了解和友谊，是协调人际关系的好方法。人人皆有可赞美之处，只不过长处、优点有大有小、有多有少、有隐有显罢了。只要你细心，就随时能发现别人身上可赞美的“闪光点”。即使缺点较多或长期处于消极状态的人，只要稍有改正缺点、要求上进的可喜苗头，就应及时给予肯定、赞扬。须知你不仅是在肯定，赞美某一个人，而是在为你的人际关系添砖加瓦。

每个人都希望得到别人的赞美，对别人有一份期待，希望得到他人的尊重。因此，只要你的嘴巴“甜”一点，会说话、说好话、巧说话，适时给人送去夸奖和赞扬，让别人心里感觉舒服、受用，自然就能融洽双方的关系，求人办事时就能左右逢源。

如何赞美他人的人品

裴宽曾在唐代润州刺史韦诜的手下当参军。有一次，韦诜看到裴宽住宅后园中有很多人在手忙脚乱地掩埋什么东西。韦诜感到很奇怪，就把裴宽叫来询问是怎么回事，裴宽诚实地回答道："宽义不以包苴污家，适有人以鹿为饷，致而去。不敢自欺，故瘗之。"韦诜听后，为其高尚情操所折服。马上把裴宽提拔为按察判官，并决定把自己的女儿嫁给他。韦诜回到家中，喜不自禁地告诉妻子此事，并赞不绝口地说："我们一直想找一个好女婿，如今终于找到了。"第二天，婚礼举行，韦诜的亲戚前来祝贺。但看到裴宽长得又高又瘦，相貌丑陋，有人窃笑不止，把裴宽叫作"绿鹳雀"，令裴宽很尴尬。韦诜却不以为意，当众夸奖裴宽的品德高尚，并说："爱其女，必以贤公侯也，何以相貌求人？"

此典故说明：第一，韦诜作为上级，对下属的考察注重品格。高尚的品德，是严于职守的前提，只有品格高尚的人，才会克己奉公，为民而吏。这也从另一方面反映了韦诜自身的品德高尚，赞美年轻人，注意对其内在品质的认可和赞赏，才会使你的赞美成为真正驱使他进步的动力，鞭策其进步。裴宽后来官至尚书。《史书》记载说，裴宽"为政务清简，所莅人受之，世皆冀其得宰相。"第二，韦诜作为父亲，为女择婿，不重其貌却重其德，这无疑是对裴宽高一层的评价，是一种发自内心深处的对其灵魂的赞赏，也是对裴宽的另一种形式的赞美和鼓励。

人品是一个人重要的基本素质。在现实生活中，高尚的品格表现非常广泛，如善良、勤劳、乐于助人、公正廉洁、爱国、爱人、勇于牺牲等等。人品反映的是一个人的内在修养，他为人处世的基本原则、倾向和态度。

中国自古以来就是一个重伦理、重道德的国度，人品是人们关注的焦点。一个人可以没有漂亮的容貌，可以没有超人的才能，也可以不要权力和金钱，但不可无好的人品。衡量一个人，往往不是先看其相貌，也不是先看其能力，首先是看其人品。好的人品受到广泛的称赞，处处受到人们的欢迎。差的人品则将为社会所谴责，甚至千夫所指，遗臭万年。人品好的人被奉为“君子”，人品差的人则被斥为“小人”，并有“近君子有仁有义，远小人无事无非”的古训。因而，赞美别人时，就应抓住我们的民族心理，多赞美其人品。赞美别人的人品，也同时表现了我们对良莠的分辨、判断能力，显示了自己的人品。俗话说：“物以类聚，人以群分。”即是说，君子往往是一个阵营，而品行低劣的小人也往往在一处凑合。惺惺惜惺惺，唯有自己品行高尚，才会由衷地、真诚地赞美别人的人品，推崇正人君子。

从心理上讲，当别人关注或赞美自己的成绩、权力和财富时，往往有些戒备心理，恐怕别人的话里暗含着嫉妒甚至杀机。但当别人赞美自己的品德时，无疑是说自己是个好人，没有谁不愿意听的。人人需要赞美，人人也需要赞美别人，人品尤其如此。

赞美他人的人品时，要注意如下三点。

1. 必须对赞美对象有全面而深入的了解

如果对一个人只是一面之交，或知之不深，就仅凭你的直觉和经验赞美其品质，而不知其公众形象如何，往往会失之偏颇。一个人的品格，在熟知他人的范围内，其人品如何，公众的看法基本一致。你的赞美如果不恰当，不仅难以得到赞美的效果，反会引起非议。若此君恰巧形象不佳，更会招来“臭味相投”“一丘之貉”的罪名。

2. 不要拿人“垫背”

每个人都很重视别人对自己人品的评价，如果在赞美别人人品时拿别人做垫子，是很不明智的。在场的人可能会和你翻脸，不在场的人可能会有人去打“小报告”。这样，你就会树立一个敌人。

3. 注意场合

如果你所在的集体里矛盾重重，这时你若当众赞美一个人的人品，往往会被看成“站队宣言”。你想表达对同事人格的敬仰，不妨私下悄悄交流。家庭内部，成年的兄弟姐妹之间，妯娌、连襟之间，差异甚至隔阂是不可避免的。如果赞美谁孝顺、谁昧良心、谁大方、谁吝啬、谁自私，都没好的收益。人人都崇尚正大光明，但有些事情反而偷偷去做更合适，赞美有时就是这样。

赞美尽量不落俗套

赞美别人，很多人认为只要说出赞美的话就行了，或者只要真诚就行，然而不是所有的赞美都能产生它应有的作用。有的赞美无法引起被赞美者的注意，甚至会令他们厌恶。所以，赞美也要讲究技巧，因为千人千面，没有谁会喜欢千篇一律的赞扬话。既然要赞美，就要达到赞美的目的，使对方从你的赞美中感受到快乐、满足，要不落俗套，从而让对方感受到你真诚的心。举例来说，赞美女性，她们最喜欢的话语往往是：脸庞美丽、性格温柔、身材苗条、服饰漂亮、等等。但是，每一个见到她们的人都这样说，自然会令她们感到听觉疲劳，无法引起她们的好感，这样的赞美就只是在浪费自己的唇舌。所以赞美别人也要讲究不落俗套，才能让对方对你的赞美记忆深刻，从而缩短彼此沟通的距离。

对于著名指挥家的演出，每个人都给予了很高的评价。对于指挥家来说，每次演出结束，他都能听上百句赞美的话，所表达的意思也是大同小异，因此这样的赞美已经让他麻木。语言没有什么特殊之处也就意味着在指挥家的眼里没有特别之处，一切交往也就流于表面的客套，就像指挥家对大家彬彬有礼的答谢。然而，朱莉的一句“你很帅”却让指挥家眼前一亮，别有新意的一句话一下子让朱莉的形象印在指挥家的心中，并在之后的交往中把她当成挚友。可见，不落俗套的赞美能一下子说到别人的心坎里，就像一张通行证能迅速打开沟通之门。

说一句赞美的话不是什么难事，但是通过一句赞美的话就让别人记住你却并不容易，是要下一番功夫才行的。下面简单介绍赞美的几种技巧：

1. 在其背后赞美；

2. 从否定到肯定；

3. 借别人之口；

4. 赞其得意之处；

5. 要夸到点子上；

6. 称赞其不被人注意之处；

7. 在众人面前赞美；

8. 刻意制造“意外”。

我们在日常交往中，如能注意观察，并对那些被我们忽略了的优点、美德而加以及时赞扬，往往比赞扬那些人所共知的优点效果更好。如一位著名科学家、著名演员或著名作家，或在某些方面有较突出成就的普通人等，他们在各自的领域里都颇有建树，而对他们在各自领域里所取得的成绩的赞美声也就会不绝于耳。那么，我们不妨另辟蹊径，如赞扬他们和谐的家庭生活，他们漂亮的衣着打扮，他们亲切的微笑，以及优秀的品格等等，这样肯定会使他们喜悦倍增。

赞美要恰如其分

人们喜欢恰如其分的赞美，不喜欢海阔天空的乱吹。你如果说一个丑人长得漂亮他会以为你是在讽刺他。不适度的赞美就如毒药，不但引起对方的反感，还会使刚开始的沟通走向结束。原一平刚进入办公室时夸赞老板的话就起到了很好的作用，老板热情亲切地招待了他，请他坐下，愿意花时间耐心地听他说话，但是随后他不断地找话头来赞美，这种夸张的感情流露让那位老板厌烦，感觉他的赞美很轻浮，缺乏真情实意，从而对他这个人也轻视起来。

可见，赞美犹如煲汤，掌握好火候是关键要素。恰到好处的赞美可以让对方感到舒服，也会为自己树立一个良好的形象，感到自己赞美的诚意：相反，过度的、没完没了的赞美除了让对方感到你的虚情假意之外，还会有拍马屁之嫌，结果只能令人厌烦。

过度赞美不但不会让被赞美者感到自豪，反而会让对方感觉你虚情假意，觉得自己稍不留神就会等来“蜜糖加棒子”——先是把自己夸奖得轻飘飘的，然后再将真实目的暴露出来。这样做会让被赞美者有一种“掉进别人预先挖好的陷阱”的错觉。而丝毫没有被赞美的快意。所以掌握好赞美的尺度非常重要。

恰如其分的赞美才是真正的赞美。赞美时使用过多的华丽辞藻，对别人进行空洞的吹捧和过度的恭维只会使对方感到不舒服，甚至厌恶、反感，其结果适得其反。

要想表达你的适度而得体的赞美之词，应注意以下几点。

1. 换个角度

赞美用得巧妙可以起到意想不到的效果。

有个笑话说，两个书生刚被任命去做县官，赴任之前，去拜访主考老师。老师对学生说：“如今世上的人都不走正道，逢人便给戴高帽子，这种风气不好！”一个书生说：“老师的话真是金玉良言。不过，现在像老师您这样不喜欢戴高帽子的能有几个呢？”老师听了非常高兴。这个书生出来以后，对另一个书生说：“高帽子已经送出一顶了。”可见一个人不喜欢别人乱戴高帽子，但换一个角度给他戴个高帽子，他还是会笑纳的。

2. 过犹不及

赞美虽好，但用得过多也会如吃多了肥肉一样让人腻烦。有些人时刻将赞美之词挂在嘴边，看到谁都要赞美一番，赞美时都要说上一大堆。殊不知，时间长了，别人就会觉得你的赞美像鸡肋，食之无味，甚至如同嚼蜡。你再赞美别人也就不起作用了。所以赞美的话无须多，精妙的赞美只一句就够了。

当然，赞美要适宜，并不是不鼓励赞美，而是该赞美时，要毫不吝啬地赞美；不该赞美时，要适可而止。

3. 恰到好处

要想使赞美真正起到作用，还得在赞美时注意做到恰到好处、大方得体。人都爱听好话，但是每个人愿意接受的赞美语言是不同的，如果不能恰到好处，是难以起到改善关系，促进沟通的作用的。

在赞美时，不要盲目地使用一些自认为是赞美的词语，应了解听者的背景、脾性、爱好等，从听者可以认同的角度给予赞美，这样才会让赞美的声音走进听者的内心。

4. 符合实际

每个人的境况各不相同，赞美时要因人而异，要根据不同人的特点使用不同的赞扬语言，适当的赞美比浮夸的赞美更让人欢欣。如果我们见到一位长相一般的女士，说“你很漂亮”，对方会觉得你是在讥讽她的长相，刺激她的自尊心，沟通就无法进行。你应该从她的内在修养出发，关注她的品位，女人味，素质，举止等，这些话她肯定会欣然接受，并对你产生很好的印象。在称赞男士的时候应集中在他的工作能力和成就上，不要总是说一些“你很帅！”“你很有才！”之类的话。这样会让对方觉得你赞美的话没有分量。你可以侧重于事业方面，比如：“你将来一定前途无量”“你的能力太强了”，等等。如果是稍上年纪的男士，他们一般喜欢别人称赞他的努力过程、社会地位以及个人成就等，可以说：“不知道哪天我可以像您一样这么有成就”“能不能向你请教一下，您是怎样才有今天的成就的”，等等。从实际情况出发，说出得体的赞美，满足他的期望，是不错的赞美方式。

5. 赞美要扬长避短

赞美要关注别人的长处，不要提及别人的短处，不要哪壶不开提哪壶。比如：当看见一个丑陋的人穿着漂亮的衣裳，我们可以赞美衣裳如何华丽，却没有必要说“穿着龙袍也不像太子”的话；当看到一个美女和一个糟老头在一起，我们可以赞美美女。就没有必要说“鲜花插在牛粪上”“老牛吃嫩草”之类的话；遇到那些孤芳自赏、自恋成狂的人我们可以赞美他们的自信，却没有必要说“夜郎自大”之类的话。

总之，对他人的赞扬一定要适度，因为适度的赞扬会使人心情舒畅，否则就会使人感到难堪、反感，或觉得你在拍马屁。可以说合理地把握赞扬的“度”是一个必须重视的问题。

赞美女人的高招

女人的内心总是期待着被男人们像崇敬女神般的宠爱，她们喜欢听爱的夜语——小夜曲，她们喜欢听赞美的充满诗意的语言，她们渴望着被“征服”的甜蜜，她们渴望在因爱而燃烧的目光中陶醉……

意大利的著名诗人邓南遮身材矮小，算不上一个潇洒英俊的男人，可是他却用自己的语言，赢得了很多名媛的欢心。类似的言辞，他总是信手拈来：“啊，只有与你一起才能够单独在大自然中徜徉。任何别的女人只会把景色败坏无遗，你就是这迷人的大自然的一部分，你就是这些树林的组成，你就是这天空的一部分；噢，不！在我的心中，你就是这主宰着大自然的女神啊！”

任何一个男人，如果掌握了像邓南遮这样赞美的艺术，能用语言让每一个女人都觉得自己是各自领域中的女神，那么，很少有女人不沦陷。

赞美女性一般会先从外貌开始比较快捷，估计持这种看法的人比较多。但问题是一旦你碰到相貌平平的女性怎么办？这就是说，除了容貌之外，我们并不是一无所求。众所周知，每个女人都有自己的特质，而且有着为别的女性所没有的特征，包括生活经历、家庭环境、教育层次、性情气质等。因而，每个女人所关心的内容和重点也不一样。不同的女人需要不同的称赞和夸奖。

在很多情况下，男人不妨从以下四个方面下手试试自己的运气。

第一，从容貌开始入手设计你的话题。女人天生爱美，从小时候起他们就迷恋蝴蝶、鲜花等精致的、美好的东西。女人之美首先是先天之美，如长相、身材、皮肤、头发等，同时它还包括后天的修饰。没有女人不喜欢人家赞美她漂亮的。因为漂亮这个词能使她感到自己在同性中的位置，并对自己充满信心。你应当记住的是，女人的漂亮不光是她的脸蛋，她的眼睛、眉毛和嘴巴。细腻的皮肤、漂亮整齐的牙齿、乌黑亮丽的头发、苗条修长的身材都可以成为男人称赞的话题。

第二，在生活中，一个女人集众多漂亮于一身的情况很少。这时候，你就需要学会发现美。法国艺术家罗丹说的话很值得我们三思："不是生活中缺少美，而是我们缺少发现美的眼睛。"也有人说，我们在赞美女人之前还是要观察一番"生活"的。比如说，一个女人很可能没有漂亮的眼睛，但是如果她的气质很好，同样可以纳入我们的主题。对一个不够漂亮的女人，切不可硬性赞美，这样会弄巧成拙。与此同时，对身材不好的女性也不可随便赞美她的苗条俏丽。这样，人家会以为你是在讽刺她。就是对漂亮的女性，在称赞她时亦不可流于一般性的赞赏，否则也取不到应有的效果。

对于一个美丽的女人来说，赞美她的人已经不少了，所以你的赞美可能是步了第一千零一个男人的后尘，她不会很在意，同时还会觉得你流于一般，不太出众。这样，你在赞美的时候就不妨换个方式，譬如说打个比喻等。

第三，对于相貌平平的女性，我们就有必要从她的修养上找话题。比如说她从不大笑，说话从不大声等。有许多女人，尽管长得漂亮，由于缺乏内涵，接触一段时间之后就露出了马脚。而一个拥有好的修养的女性，虽然外表不能打动我们，但是随着时间的推移，她的魅力会越来越大。这种女性的吸引力就是内在的，它可以征服一个男人的心，所以，你在这方面就有了进攻之策。女性一般是细腻和善解人意的，这同样是我们男性自觉的题目。所以第三点就是从女性的温柔、体贴、善解人意入手打通关节。女人凭借其细腻的直觉就可以了解男人的心理活动，这使她们对男人深层的、有时是难以觉察的需要做出及时准确地反应。善解人意，是女人征服男人的技巧与本能；它还能使男人感到一种呵护与温暖。当一位女性为你端上一杯热水时，你千万别忘了赞美她一下："您真善解人意！"

第四，现代社会，女性参与的意识越来越强。而且，通过有关的调查发现，越是相貌平平的女性，在这方面的要求越是强烈。有很多女性，尽管长相一般，但是其魅力并不亚于那些漂亮的姑娘。因此我们第四个进攻的方位应是看准她的能力，让她爱你没商量。有的女性很有事业心，她们从来不愿意为男人活着，你夸奖她的工作能力、审美水平、学识修养都能打动她的芳心。

男人们，别吝啬自己对女人的"拍马"能量，对你喜爱的女人献点殷勤，你会活得更滋润。这话听起来多酸，简直没一点味道可言，但是在生活中遵守这个规则的人却屡屡得手，而"墨守成规"，不善于向女性表示自己的爱慕，不勤于向女性付出"赞美"的人则干吃哑巴亏。生活就是这样戏弄着我们每一个人，你的付出往往与你得到的不相符。

女人之间如何"互赞"

女人最了解女人，女人间的赞美总是那么确切、真实而又细腻。总的来说，女人之间的互赞，有如下几个技巧。

1. 以对方为中心

人都喜欢以自己为中心，她找你聊天，大多只是要你当一个听众，能偶尔回答她几个其实她已想好答案的问题。这时的你，当然应该尽量满足她了。

在一次新老科技工作者交流会上，张女士的一段经历就是一个绝好的证明。

那次，她是第一次到这种场合，所以她不知该找谁交流好。于是，她一个人坐在一个角落喝着咖啡。这时，一个看上去50多岁的老女人，从人群中走过来。张女士开始看见她和几个人聊着，但她几次都被别人打断，很是扫兴。她看见张女士一个人坐着，便过来找她谈话。她开始讲她对新型激光割治装备的了解及个人的见解，还有她对此做出的贡献等。整整40分钟，张女士都只是静静地倾听，说实话，张女士是搞生物研究的，肯定和她所说的拉不上多少关系。但她没有因此而显出不耐烦。对方偶尔征求她的意见，她要么微笑，要么点头，一直到对方尽兴为止。

会议结束时，对方对她赞不绝口，说她知识丰富，是个很好的交谈对象，以后大家多联系，有事找她帮忙。

从头到尾，张女士都没有发表多少自己的看法，这简直不是在交谈，而只是对方在单方面地谈。可结果却令对方大加赞赏。原因就在于她充分地掌握了“多说你”这一原则。你也不妨试试，结果包你满意。

“多说你”中的“多”还表现在你要多说对方引以为自豪的(当然你不要一味阿谀奉承，这样别人就会认为你是个小人了，分寸得掌握好)，还要多说能引起共鸣的话，例如说家务的繁忙、烹调的技术、服装的搭配、菜市的涨价等。你们可以一起借题发挥，大加研讨、大加赞美及对某些事的发泄等。这样可以令你们俩都兴趣盎然，都相见恨晚。

最后还得强调一点的是你一定要显得全身心地投入，即使装也得装得像你在注意她所说的每一句话。否则，你会前功尽弃的。

就是你花两个小时听对方说，但你在听的时候不时左看看、右瞧瞧，别人的兴趣也会因此而削减。在别人说的时候，你最好是看着对方的眼睛，俗话说："眼睛是心灵的窗口。"你不光可以让对方觉得你重视她，还可以从眼神中发现许多语言中所得不到的信息。

不过，现实生活的情形不是某个固定的模式可以套用的，但只要你对"少说我，多说你"这一原则掌握得好，能灵活运用，你肯定会受益匪浅的。

2. 如何赞美爱慕虚荣的女人

女性的虚荣心主要体现在：第一，物质生活的不满足心理。第二，处处爱以自我为中心，自夸自耀心理。第三，否定、掩饰自己缺点，潜意识中超越自我心理等。还有关于男性方面的，如择偶条件。我们这儿所说的满足是指从语言上能令其虚荣心满足，如夸她男友有档次，本人漂亮多姿，平时穿着得体，为人处世老到等。

虚荣心强并不是好事，有时甚至会因此把人引向深渊。但我们满足她的虚荣心，不是助长她对超乎自己能力事物的想象，而是为了通过满足她的虚荣心接近她，进而使交流能够继续逐步通过言行来影响她，达到赞美的最终目的。虚荣心强的女人并不代表她没有长处，每个人都会有自己的闪光点，更何况那些虚荣心强的女人为了满足虚荣心，就更得做出自己的努力。我们且不说努力的结果如何，那个过程肯定是有值得人们表扬的。

满足一个人的虚荣心不是简简单单地对她说几句好话，这样怎么也不能让她得到满足。每个人的心态不同，其对事物的向往也不同；不同场合中，人们的需求也不同。因此，抓住她的需求，这是最重要的，一般来说，从以下几个方面满足女性虚荣心就可以了。

扬长避短。一般人都爱让自己的优点为众人所知，从而获得鲜花与掌声，而不愿让自己的缺点暴露于大庭广众之下遭人白眼与嘲讽。我们应该善于发现她们的优点。女性即使虚荣心再强，但亦是带有含蓄的天性，她不可能自己跑到显眼位置夸耀自己这方面好、那方面优秀。所以我们要认真观察，从她的语言神态中体会出她要别人赞美她什么。其实她们往往表现得很明显：如一个人在很短的时间内连续五六次拭摸她的头发，你就应该发现她的头发是否很飘逸或用摩丝定了个很特别的发型等，这些都可以让你加以夸赞；又如一个女人不时地抬起手腕看自己的手表，那么只有两种可能，要么她的确很焦急，要么就是她的手表很有特点：或名贵、或有型。这两种可能极易分辨。下面该怎么做你应该明白了吧！

少批评多赞扬。当一个人的虚荣心开始膨胀时，她的所作所为往往会引起人们的反感。这时的你一定要控制自己的情绪，不要因为看不惯而多加指责、嘲讽。你可以批评，但要含蓄，让她高兴地接受。这就是一种比较高级的技巧了。

真诚的欣赏。这是一种比较含蓄的赞美方式，也是一种很有效地满足虚荣的方式。当她戴了一块劳力士时，别人只说这手表贵，是名牌，你却可以从表的结构、精确度、表的可用期等方面加以赞扬。也许戴表的女士也不懂这些，但她绝对能听出来你的赞扬区别于别人之处就是比较实际，带有欣赏的味道。

人人都有虚荣心，都有让别人赞美的意愿，只是虚荣心强的女人的需要多一点，我们为什么不可以满足她们？同时，她们也会更加需要我们，这样“合家欢乐，岂不快哉”。

3. 赞美家庭主妇的技巧

称赞她为家庭、为社会做出的贡献。因为有家庭主妇的存在：地上的烟头绝不会留到第二天；冰箱的柜子里绝不会空荡荡的；孩子、丈夫回家后，饭桌上绝不会冷冰冰的；在丈夫失意后也绝不会因此而丧失家的温暖。她们就是这样默默地做着看起来很平凡的事。其实，这一切都是值得赞扬的，她们给家庭带来了整洁，给孩子带来了温暖，给丈夫带来了支持，给父母带来了关爱。同样作为女人的你，对这些都应有所体会，也能感受到其中的艰辛，你每次完成一件事是不是也渴望别人的一份赞美呢？既然如此，你又何必吝啬自己的一份赞美。

有许多女人自己办企业，当经理，经营有方，成功了，值得表扬。但更多的是作为家庭的幕后者，丈夫、儿女的成功就是她的成功。一位企业家在事业有成后这样评价他的妻子：“我能有今天，全是她的功劳。我债台高筑时，她没有抛弃我；我失魂落魄时，她没有嫌弃我。她给我的是真诚的祝福、无言的赞美。我今天想向全世界宣告，她是我心中最完美的妻子。”

可以说，每一个家庭主妇都可以在丈夫成功后自豪地说一句“因为我撑着，所以他成功了”。这种自豪不是由一时勇气激发而出，而是建立在平时她们所承受的一切之上的。她们是值得骄傲的。

赞美男人的新招

事业有成，永远是一位男人最引以为荣的本钱。无论一位男士相貌有多丑陋或者性情有多怪癖，只要事业有成，他就有资格接受多种多样的赞美。因此，如何赞美事业有成的男人是衡量你是否会对他人进行赞美的基准。

说一个男人事业有成，则表明此人一定有高于常人的洞察力、智力和认知自我等能力。他们比任何人都更了解自己，清醒地明白自己的长处与短处所在，也就能很清楚地判断你对他的赞美是否言过其实，是否有阿谀奉承之嫌，或是否真正像他本人所说的那样对自己有一定的认识，而不是道听途说。面对这些情况，你要对事业有成的男人进行赞美，可得要处处小心了。

说到这里你也不必心惧恐慌，觉得还是少惹事为妙。其实，只要你抓准了机会，用对了方法，还是可以肆无忌惮地以赞美之词赞美他人的。关键就在于你要真正地了解对方。

兵书上有："知己知彼，百战不殆。"正是这个道理。既然，对方事业有成，你就要紧紧地咬住这一点，把他的业绩、长处牢记在心，可以随时都能用于谈话中，给对方一种你对他很了解，对他的称赞是由心底冒出来的感觉，他自然就会对你产生好感。而这时，你可千万不要夸大其词。这种人一般是很注意实事求是的。

除了称赞他的业绩之外，你也可以试试称赞此人的其他方面。

事业有成之人中有很多人在其他生活细节方面也很优秀，只要你能抓住这一点。

如称赞他的独特本领。比如说他一工作起来就废寝忘食，可以达到忘我的境界，或注意力非凡，过目不忘，还有预感能力强啦、判断一个人的能力强啦、等等。这些超常人的能力，让你画龙点睛地这么一说，定会使对方兴奋不已。

也可以称赞他的兴趣、喜好、特长。如书法、画画、音乐、钓鱼、收藏、旅行、等等，这些都能成为你赞美的话题。正因为这些纯属个人的爱好，所以会受此人绝对的关心与兴趣，又怎会不注意到你呢。

还可以称赞他的性情品质。看他是否富有同情心、责任心，是否意志坚强、性格果敢，是否有进取心、好胜心，这些也都可进行赞美。因为男人是十分重视这种人生价值或对精神世界的升华需求的。

他的私人生活，如妻子、孩子、家庭也是进行赞美的好对象。一般都说“成家立业”，先“成家”，后“立业”，看来对一个男人来说，家庭的含义也是非常重要的。称赞他的妻子美丽漂亮、贤惠明理，称赞他的孩子聪明可爱、有前途都是常用的赞美方法。

第二种方法就是投其所好。经常与对方讲关于他的事业方面的话题，问问近况如何，运作怎样，有何前途等等。提起对方的浓烈兴趣达到赞美的目的。而且只要是有关对方事业的就不要太坚持自己的观点，要做到妥协让步。让对方产生自我满足感，便会有你间接赞美的成效了。

还有种方法就是要不断请教。若是在对方说话时，你也时不时插上一两句，佯装自己也很明白，不比对方差，弄不好会让对方觉得你是在向他示威。多多请教对方，让对方多多指点自己，在两人认识的对比中突出对方的优势，满足对方的成就感，你便又一次赞美成功了。

此外，赞美一位男士，还不妨迎合他的自负。何为自负？就是自己绝对地相信自己，认为自己绝对有能力、有资格得到所有人的称赞。自负，也可称之为虚荣心，虚荣心是在他人的评价中得到满足的。而男人，正是喜欢自负、愿意自负。因此，他们也极其渴望每时每刻都能得到他人的鼓励。

最后，在一个男人的妻子面前称赞他也是一种非常行之有效的方法。运用此方法时，首先要看似随意。既然又要称赞丈夫，又要称赞妻子，那么称赞的也就是夫妻双方及家庭生活。赞美话语听起来越随意、越亲切就越能取悦于人。

其次，要注意真实性。你再怎么了解这个男人，也不可能像他妻子那样了解他。最了解一个男子的莫过于他的妻子，你称赞其丈夫时言过其实，太过夸大，会让妻子怀疑你的诚意，又会让人家怀疑你是否有讥讽之意。这时，他妻子若顶一句："我怎么不觉得"诸如此类的话，会让两个大男人都十分尴尬。

最后，要了解其家庭背景后再行动。若你不小心，刺到了此家庭的痛处，或卷入了其家庭矛盾之中你可就两面都不是人了。

谨防掉入赞美陷阱

每个人的性格、价值观和世界观不同，对于事物的接受程度也有差异。所以，每个人喜欢的赞美方式也不相同，有的喜欢含蓄，有的喜欢直露。如果不根据他们个人的特点来赞美，就会给人以轻浮之感，觉得你的赞美没有价值，更不要说给人以鼓励，增进彼此的好感了。赞美要有新意才会得到对方的认同。陈词滥调每个人都会背，这样的赞美会引起人的反感，要引起对方注意，必须有别具一格的赞美语言。

有人说，赞美是所有声音中最甜蜜的一种，赞美应该给人一种美的感受，但很多人的赞美语言乏味，净是些陈词滥调，不切合实际，甚至会冒犯他人。赞美常见的误区主要有以下几种。

1. 公式化的套词空话

一些初涉社会交际圈的青少年很容易犯这种忌讳，自己没有社交经验，见面就是久仰大名、如雷贯耳、百闻不如一见、生意兴隆、财源茂盛等俗不可耐、味同嚼蜡的恭维。这种公式化的套词给人不冷不热的印象，使人感觉对方缺乏诚意、完全是在应付了事。这样的赞美毫无新意，不但有逢迎拍马之嫌，还会让人觉得在讽刺自己。

公式化的套词空话，有时还会冲撞别人的忌讳。一位年轻小伙子到同学家去玩，见到同学的哥哥后上去就来了一套公式："大哥你好，见到你真高兴！久闻你的大名，如雷贯耳，百闻不如一见！"没想到对方的脸从头红到脖子。原来，他同学的哥哥刚因打架斗殴蹲了15天的拘留所出来，这个年轻小伙子根本不明情况就"久闻大名"地恭维了一番，却揭了对方的伤疤，教训甚大。

2. 鹦鹉学舌，学别人说过的话

一些人在公共场合赞美别人时，自己想不出怎样赞美，只能跟着别人学话，附和别人的赞美。常言道：别人嚼过的肉不香。古时候，朱温手下就有一批鹦鹉学舌拍马的人。一次，朱温与众宾客在大柳树下小憩，独自说了句："好大柳树!"宾客为了讨好他，纷纷起来互相赞叹："好大柳树"。朱温看了觉得好笑，又道："好大柳树，可做车头"，实际上柳木是不能做车头的，但还是有五六个人互相赞叹："可做车头"。朱温对这些鹦鹉学舌的人烦透了，厉声说："柳树岂可做车头！我见人说秦时指鹿为马，有甚难事!"于是把说"可做车头"的人抓起来杀了。

每个人可能都有这种经历。中国人有个传统就是别人赞美自己时，自己往往都要谦虚一下。如果是在人多的场合，大家众口一词地赞美某个人的同一件事，就会使他陷入很不自在的境地，越是最后几个赞美的，如果是同样的话，越让他感到厌烦。

3. 不懂装懂

一位商人很喜欢收集某位画家的画，在画展上商人看着这位画家的展画赞叹不已，画家在旁边听着心里很是高兴。但商人突然又赞扬道："这幅画真漂亮，很有美国画家莫奈的神韵。"听到这句话，画家鄙夷地看了一眼商人，莫奈是法国印象派画家，而他这幅画更多的是采用了意识流的手法，和印象派画风虽同实异。于是画家和他的合作伙伴专门交代，如果这位商人要收藏这幅画，就说已经有人全部预订了。在画家看来，不懂画的商人是没有资格收藏他的画的。

赞美他人必须建立在相对了解的基础上，特别是一些专业知识很强的信息，如果我们不懂却充当行家，只会让自己出尽洋相。在现实生活中常会发生这样的情况，为了显示自己的才学，对于自己不了解的东西妄加赞扬，觉得这样的赞美不仅彰显了自己的知识水平，也夸奖了对方，为自己赢得好感。其实，这样不但不会为自己赢得多高的评价，反而会显得自己粗浅。懂行才能抓住重点，才能把话说到点子上。所以，对于自己不知道的领域，不要急着赞美，先做一些功课，这样既是对别人的尊重，也是对自己的尊重。

4. 仅仅说些限于别人专长的话

每个人都有一技之长，大家往往都很容易发现这一点，赞美其专长的人也最多。时间长了，被赞美的人听腻味了，对这方面的赞美也就不起作用了。比如一个画家，人们肯定都关注他的画技，对书法家人们可能仅赞美其书法水平。

常言道：好话听三遍，听多了鬼也烦。赞美别人专长以外的东西，比如业余爱好等。聪明的人善于实施“迂回赞术”围绕对方关注的但又不是专长的方面进行赞美。举个例子说，大家都知道空姐们既漂亮又热情周到，所以听到的乘客对自己容貌和服务方面的赞美太多了，可以说耳朵也起了茧子。一位黑人先生一次在下飞机时，很激动地对中国空姐赞美道：“我在国外坐了这么多次飞机，第一次遇到对我们黑人这么友好的服务小姐。”这位黑人先生没有赞中国空姐漂亮，也没有赞其服务水平有多高，而换了个角度称赞中国空姐没有民族歧视的伟大品格，可谓别出心裁。

5. 不愿自我贬低

人常说：“休要长他人志气，灭自己威风。”所以一般人对于自己，总是拼命抬高身价，对于别人，总是吹毛求疵。这种人在现今社会是很难立足的。只有适当长他人志气，灭自己威风，才使自己获得更大好处。俗语说："人捧人，越捧越高。"你也高，他也高，这不是人己两利的事吗？

在现实生活中，有许多人不肯"捧"人，第一是误认为"捧"人就是献媚，有损自己的人格；第二是自视清高，觉得一般人都比不上他；第三是怕别人胜过了自己，弄得相形见绌。如果能够摒弃这种不健康的心理，而用心研究如何"捧"人的方法，必然能领略到其中的好处。

其实，在某些时间、场所，人们的确不能坦然对他人说出礼貌性地赞美之词。在这种情况下，不妨换个方式来表达，效果是同等的，甚至会超出所期望的效果。

这个诀窍就是"贬低自己"。就像跷跷板，如果一边贴地，跷跷板的另一边必定是荡在高空。这种"跷跷板原理"同样也能应用在人际关系上，亦即适时地贬低自己，将能相对地捧高对方。即使是不善言辞或不善于称赞的人，也能轻而易举地使用这种方法达到高捧他人的目的。

进一步说，如果对他人采取轻视的态度，这对自己绝无半点儿好处。因为你刺伤他的自尊心，他会在极自然的情况下对你产生敌意。影响所及，你的人际关系必定会一落千丈，连带造成你事业发展的不顺利。

第三章
蜂音战术：发问让你占尽先机

持续向对方提出难以回答的问题，就叫作“蜂音战术”。

根据美国的心理学家库库博士关于律师的辩论技巧的调查，我们发现，不管三七二十一先连珠炮似的向对方发问是一个驳倒对方的有效办法。律师们在没有关键证据的时候，先向对方问个不停，目的是让法官和陪审员看到对方张口结舌、回答不上来的样子。这样，对方会自乱阵脚，口风也就把不住了。

故意问对方你知道的事情，也许会被认为是不怀好意。但是，问题攻势的目的是使对方丧失气势，所以你绝对不要心软，要尽量使用这个办法。

率先发问，稳占上风

说话时率先发问，正像两个武功高手对决，先出剑者往往能占得上风。以下是一个年轻人到某银行的一个实力雄厚的分行担任行长的故事。

分行行长确实非常年轻，一点都没有威严。银行中经验丰富的老职员们都发牢骚说："难道就让这么个毛头小子来指挥我们？"

但是，分行行长一到任，就立刻把老职员们一个个找来，连珠炮似的问起了问题：

"你一周去旺旺食品公司考察几次？每个月平均去几次？"

"制药公司的职员是我们的老客户，他们在我们银行开户的百分比具体是多少？"

……

就这样，这位年轻的分行行长问倒了所有资历深厚的老职员。

如果你想在和对方的谈话中占据上风，就应该提前准备很多估计对方根本回答不上来的问题，连续地向他发问。若对方确实回答不了你的问题，那就说明你已经占了上风。

有研究者认为，这种连珠炮似的发问就像"蜜蜂振动翅膀发出的令人烦躁的声音"一样，可以叫作"蜂音战术"。

人们对于涉及详细数字的问题，很难立刻回答出来，所以蜂音战术蛮有效的。万一对方都回答出来了，那就继续追问"除此之外，你还能举出什么例子吗"等问题，直到对方哑口无言。问到最后，对方一定会有回答不出来的。

如果是在商业谈判中，对手的阅历比你丰富，学历比你高，你可能会觉得没有自信。在这种己不如人的场合下，不妨使用蜂音技巧。当你看到对方面露难色的时候，你多半能逐渐平静下来，恢复自信。

其实，任何人不管多么博学，都禁不住哪怕是小孩子的一百个提问。

既然通过蜂音技巧展开问题攻势的目的是驳倒对方，那么一定要切记，所提出的问题要抽象、模糊，尽量找对方不好回答的问题，步步紧逼，直至对方缴械投降。

心灵捕手，万能钥匙

提问就像一把万能的钥匙，带你走进对方的世界，于无声无息处偷走对方的心。我们可以把提问叫作“心灵捕手”。

我们身边充斥着很多语言类、聊天谈话类的节目，有的节目你看了又看，仍然觉得耐人寻味；有些节目不会让你在上面多浪费一分钟的时间。是什么导致这样不同的结果呢？——提问。

好的提问紧紧抓住被采访者的内心，也牢牢抓住了观众的眼球。当谢娜或者何炅对获邀嘉宾提问时，我们的心都被抓得紧紧的，急切地想知道心中的偶像怎么回答。

对于我们的平常生活，提问也有着举足轻重的作用。都有哪些作用呢？

1. 恰当的提问让你掌握谈话的主动权

这是提问最直接也是最明显的一个优势了。无论什么情况下，你的提问至少能引起对方的注意，让对方的思路跟着你走。如果接下来的谈话愉快的话，主动权就牢牢掌握在你手上了。我们上学时，最怕的就是老师的提问了。因为老师总是比你知识渊博，你不清楚他到底问哪一段，因此极度恐慌。但如果是我们问老师问题呢？其实，老师也会害怕的。老师只是在某个方面比你知道得多，其他方面，就不一定了。因此，谁来提问，谁就占尽优势。

2. 提问让事情出现转机，为你赢得更多时间

当你提了一个问题之后，对方总是会先想想自己的答案再说出来，这也就恰恰帮助你赢得了更多的时间，有空隙去准备接下来的问题。在对方思考的途中，你还可以加以引导、补充式的说服话语，让对方向你倾斜。

3. 提问给你创造了倾听的机会

谈话中倾听是非常重要的，不要以为说得多才叫说得好。提问后，对方肯定会整理思路和答案，同时你也要收紧心思听听对方的弦中之音和言外之意，有时没准会得到意外的收获。另外，用心聆听，也是对说话人的一种尊重。

4. 提问可以引导对方跟着自己走

“如果有白色的，应该比黄色的卖得更快，你也喜欢白色的是吗？”这就是一句引导式提问的经典话语。凭借这种提问，不仅让对方多一些对你的认识，也不知不觉跟着你的意识走，因为在大多数人的内心中，大众都接受的一定是好的，穿一件白色的出去至少不会被人当作例子嘲笑，因为大家都喜欢白色的。这就叫作“从众心理”。

5. 提问使你们直抒胸臆，减少猜测

双方的定论一般都是在讨论后得出的，而前提是有个好的问题设置者。互敞胸怀，直抒胸臆是最好的谈话方式。沉溺于猜测的拉锯战式问答只能让过程越来越长，使人们越来越没有信心。提问也让你显得对这个问题很重视，是深思熟虑之后才提问的。

6. 提问可以帮助自己厘清思路

提问者往往是在思考之后，才提出问题的。没有仔细思考，是提不出有价值的问题的。此外，有一些问题不能直接说明的时候，我们可以用另一种提问的方式来问对方，隐讳的语言不仅不会使事情陷入尴尬，还能让对方无所遁形。而且最奇妙的是，事情往往在这时有了转机，自己的思路也更加清晰了。所以，提问也是一个趁机厘清自己头绪的机会。

提问的结构与法则

很多年前，人际沟通大师卡耐基曾组织专家、教授、学者进行了长时间的讨论，得出了一个符合心理学法则又能引导人们行动的提问结构，即“魔鬼公式”：

第一步，问出你想知道的实例和细节，生动地说明你想传达的意念；

第二步，以详细清晰的语言，问出你的重点，要对方做什么；

第三步，问问对方这么做是不是给自己带来了好处。

这一应用几乎被所有的口才书转载，当然这不是记住法则内容就可以马上会应用的。只有在实践的磨合中，你才能找到最适合自己的那套“魔鬼公式”。

就像去北京可以坐车，但是去伦敦一定要坐飞机一样，做什么就要遵循它的固有的法则。

1. 提问前要准备

一般来讲，对未知信息的提问是建立在掌握若干已知信息的基础之上的。很多事情之前我们并没有接触过，也就无从谈怎么去问对方。所以，我们需要通过认真地准备有关提问的一些方面的资料，帮助我们一步步地了解对方，也得到我们想知道的信息。在这个基础上，人们才能就想了解的信息旁敲侧击，并最终了解所要知道的事情的真相。

因此，提问之前最好做一点必要的准备，如目前所处的形势怎么样？想要问出什么？底线是什么？在自己心里多问自己几个问题，也就更清楚自己要问哪些问题了。

其次还要学会辨认对方是否听懂了你的提问。并不是每个人都清楚或熟悉问题里的信息点，且不是每个人都会很专心地听提问者提问或者对提问者问题的逻辑很清楚。这样可能会导致他们对问题产生误会，使得他们所给的答案与问题不符或没有必然联系。

2. “前提”需明晰

“前提”就是明白清楚地告诉对方，你的问题不包含任何不好的内容或者存在令对方敏感的词语；另一个方面是给双方的谈话过程一个范围和底线。例如提问客户的项目预算，一般的客户都不愿说出来。这时，你大可以加一个这样的前提："为了推荐一个最合适的方案给你，我想知道这个项目大概的投资水平是在怎样的范围内呢？"通过前提就能有效地提醒客户，了解项目预算是必要的，客户就有可能正面回答你，不再躲闪。

3. 必要的反问

如果对方向你提出问题而你又不知怎样回答，你可以选择用两种方式：一种是实事求是，不要不懂装懂，按照自己想的回答就可以了；另一种是反问——反过来问对方，让对方说出他是怎样看待这个问题的。通过反问的方式，你极有可能套出你想要的答案，并可能投其所好，获得更大的成功。

4. 适度的沉默。

沉默如果用得适时适地，有时比言辞更加犀利。

谈话中出现沉默无疑是最尴尬的时刻，但是在需要思考的时候适当的沉默也是非常必要的。例如在对方犹豫不决是否接受你的观点时，不妨给他一个简短的沉默时间，对方会觉得自己很被尊重，且会产生不愿让你失望的心理。

5. 一次只问一个问题。

就像人们吃饭时狼吞虎咽一样，同一个时间问他人很多问题也会造成对方的思路受阻，手足无措，甚至引起对方的反感。而且无论你向对方提几个问题，他都只能记住或注意其中一个，其他的则无从谈起。这就犯了提问和说服中之大忌了。所以，同一时间只问一个问题才是最智慧的选择。

6. 提问时要倾注感情

提问时倾注自己的感情算是比较高级的一种提问方式了。而且一定要明白，倾注感情不一定是浅显的微笑和蓄意的拉拢，我们可以把感情更巧妙地糅合在话语中，让对方在不知不觉中感知事情将如何发展。

如："你知道戴着这个帽子上街，别人会向你投来多么羡慕的目光吗?"或者，"小明的妈妈为什么不选择先休息一段时间再上班，她看上去真让人心疼。"

好的问题具有"杀伤力"

平凡、烦琐、毫无杀伤力的发问已经过时了，在每个人都很注重沟通、也学会反沟通的时代，你需要给你的说服提问术来点新花样，我们要与时俱进。多用些小技巧，不仅可以帮助你成功说服，关键时刻，还能帮你化解大麻烦。

说服需要不断地注入活力和创意，乏味的问题让人们唯恐避之而不及，更不要说得到深交流的机会了。只有有足够"杀伤力"的提问才是快速打动人心的法宝，也值得我们每一个人学习。

1. 乘虚而入法

这种方法要求你在明确自己的目的的情况下，不直接向对方发问，而是先让对方选择一个自己的已经准备好的答案，再开门见山地对其进行说服。此时对方一定措手不及，再加上详细、耐心的劝导，相信没有拒绝你的人。

这里以一个实际推销的案例来加以说明。当对方打开门的时候，除了亲切的问候，千万不要说："你好，请你试用下我们公司的最新产品好吗？"这样会让对方迫切地想关上门。因为对方并不能确定这种产品会不会对身体造成危害，当然还有其他很多疑问，只能关门了。

小红当时是这样说的："先生，你好，请问你用过最省电的抽油烟机吗？"

主人："哦，我们家有一个普通的，不过挺费电的！"

小红继续说："您现在就可以试试我们公司最新出品的这款省电抽油烟机的效果。"说着，他从身后拿出他要推销的产品，并附上极为详尽的说明书。

结果当然是不言而喻的，这对夫妇很快接受了他的说服，最终买下了这款产品。

2. 肯定深入法

这个方法是指把你从说服开始到最终结果的过程，划分成一连串小问题，而每一个小问题都有一个你想要的肯定答案。当对方回答了一连串的肯定时，你会发现，你已经快到达胜利的终点了。也就是说，让对方从一开始就说"是"，把对方慢慢引入你设计好的"圈套"。

这个方法需要你有准确的判断能力和清晰的逻辑思维能力。只要每一个问题层层深入，只要对方无处可躲，你就一定能说服成功的。

小强是一家上市的广告公司的策划，他对最近的策划方案非常满意，于是想极力推荐给总监。他是怎么做的呢？

小强："总监好，我们公司去年的业绩似乎不太好，对吗？"

总监："是啊，不怎么理想！"

小强："或许是因为我们做的东西太千篇一律了，别人看不到我们的创新的地方。"

总监："肯定会有这方面的原因，上次一个公司的老总给我打电话也提到了。我也正为此头疼呢。你有什么好的想法吗？"

小强："总监，我不知道我的方法对不对。我知道现在谁在您这儿的策划方案有很多，如果有题材更新颖的，更有想法的，是否愿意优先考量呢？"

总监："可以啊，拿来我看看吧。有这样的稿子可是求之不得啊！"

小强："总监，我正好带了，你看看……"小强拿出自己的策划方案，交了上去。

我们可以从这个例子中学到小强很优秀的说服方式和技巧。

3. 引鱼上钩法

引鱼上钩说白了就是要诱发对方的好奇心或者关注点，进而攻克对方的心理防线。就像钓鱼一样，先抛给它一个饵，引其上钩。具体说就是，故意讲一些能激发对方好奇心的话，也可以先吊吊他的胃口，没准他会主动来找你。

这可说是几乎百试不爽的提问绝招了，但是千万不要让对方觉得你的技巧是在耍花招，这样反而会引起对方的反感，使事情半途而废。最好做得神不知鬼不觉，自然而然的。

阿红在最近新世界百货看上了一条非常好看的裙子，但价格很高，她该怎么说服妈妈给她买下来呢？

阿红："老妈，我们学校要举行个运动会，老师专门跟我说希望我做领队呢？"

妈妈："哎哟，好啊，我女儿出息了，那就好好准备一下啊！"

阿红："可是，领队是代表班级形象的，我都没有好看的裙子了。以前买的，都有点过时，都不能穿出去了。"

妈妈："那还不简单，咱再买几条新的不就行了，也可以让你们班主任帮你选选……"

看吧，到这里不就一切都顺理成章了吗？

4. 欲抑先扬法

所谓欲扬先抑法，就是要想诱"敌"深入，要先肯定对方的观点，让对方不会对你的见解过于排斥，然后再进一步地让自己的观点深入到对方的思想中去。这个过程中，有技巧的提问也非常重要。

说服者要懂得察言观色，如果对方态度温和，没有强烈反对，则可尝试说服对方，而且成功的概率几乎100%。但要注意的是：如果对方非常反对，不容辩驳，则要适当地放下自己的说服心态，不能一味死缠烂打。

小华不爱陪妻子逛街，觉得很累而且很无聊。他们因此常常吵架，搞得鸡飞狗跳的。女人通常比较喜欢这些，尤其希望自己的爱人能够陪自己逛街。可小华却觉得这实在是浪费时间、浪费生命的活动，最重要的，每次都是为逛街而逛街，又不真正需要买什么东西。小华为了说服妻子不让自己陪她逛街进行了如下对话：

妻子："你是我老公啊，你明明说以后什么都听我的，可是连逛街这样的小事都不肯陪我！哼！”

小华：“我当然打心眼里听你的了，你说什么我都会听你的。”

妻子：“这你就扯谎了吧？”

小华：“咱们的关系一直不是挺好的吗，你说因为什么啊？不就是因为你爱我、我爱你嘛，而且我觉得咱们俩是你对我更好，但是你对我好肯定是因为我有魅力嘛，如果我只是一个什么都不干天天陪你逛街的男人，你还会像以前一样爱我嘛，可能那时你都不希望我跟你一起出门了吧？”

妻子：“你……”

妻子听到这样的话，也只能语塞。凡是不喜欢陪老婆瞎逛街的男生注意了，这一招可资参考。

聪明的说服者，提问应该是步步为营的。但有些人就不是这样，最后不仅没有达到自己的目的，反倒被对方牵引过去，成了反派，这就是典型的“偷鸡不成蚀把米”。所以我们的每一个问题都要力求明朗、干净、有效果，如果总是问些模糊、模棱两可的问题，等于是给自己的说服倒了一盆浑水，浑水里怎么能摸到鱼呢？

“你们的保险需要另外收费吗？”

当对方这样询问时，大部分人可能就保险另外收取的费用跟对方较劲了，但是这种反复的强调只能让对方更加关注费用问题。你可以试试这样反问：“费用在所有公司都会收的，对于你来说，最应该关注的应该是收益问题吧？”

只需一个简单的反问，就可以把说服这条大鱼从“浑水”里捞出来了。

另外，还有这样的例子。

“你希望公司一年节约10万元的成本费吗？”

“当然，可是哪有这么容易啊？”

“我是全国为数不多学习节能效应的研究生之一，如果能在贵单位工作的话，我也希望我的专业能够得到实践的验证，并且帮助公司节省费用。”

这就是一段很巧妙的问答，因为这个问题足以将各个公司的老板吸引。这就是“开门见山”的说服方法，提问中可以使用。

不断提出假定的话题

有时，你千方百计地想探听出某些事情，可对方就是不开口。

或许是因为他对你有所戒备，或许是因为他嘴巴本来就很严，这时就非常麻烦。具有强烈的自我保护意识的人不会轻易开口说话。

这种时候，拐弯抹角地提问就具有很好的效果。这也就是孙子所说的“迂直之计”。所谓的迂直，就是以迂回的方式后发先至，快速达到目的。法国有位汉学家叫于连，他写了一本通过研究中国文化来更好地了解本国文化的书，《迂回与进入》。此处的方法，可以用“迂回与进入”来表示。

其中的一个办法是假定法——不断提出假定的话题。以这种方式谈话，有时能间接地看出对方的真实想法。

“如果真的有上帝，并能帮助你实现一个愿望，你会许什么愿呢？”

“假设这个合约能谈成，我们会取得哪些直接和间接的好处呢？”

“如果您是成吉思汗，会有何种感受？”

“如果能对5年前的自己提一些建议，你会说什么？”

“如果你是老板，是最终的决定者，会答应这种非常苛刻的条件吗？”

拐弯抹角地提问，对方会在不经意间说出心里话。

例如上面的最后一个问题，如果对方回答：“嗯，我是赞成的，但经理会坚决反对。”就会明白真实的情况是什么样。因为是假定的话题，对方会感觉很放心，从而会不小心说漏嘴。

纽约州的宾厄姆顿大学的瓦因巴克教授，是一位一流的心理咨询师，他曾说过，要想让不爱说话的人张嘴说话，假定法是最有效的。

一般来说，自我防卫型的人不会轻易说出真实想法。这类人紧紧盯着现实的情况，我们无法从正面突破。这时可以稍微转换一下角度，利用假定法提问，看上去是在绕远路，实际上是让对方说出真话的捷径。

我们都知道，走直线比绕远路要距离短些，因此从常识考虑，很多人都认为单刀直入的方式花的时间要少。但人是很复杂的，直接进攻肯定会遭到对方的抵抗，没有人会马上将内心的真实想法说出来。

善用“因为”这个词

“因为”是我们日常沟通中最常用的词汇之一了，大多数人都知道他是你解释某件事情的连接词，但除此之外，它还有你意想不到的妙用。

哈佛大学的心理学教授艾伦·兰格曾做过一个著名的实验，他以人们排队买票为背景，让两个志愿者以不同的问法去说服众多的排队者获得优先买票的插队权。

第一个人过去的时候对排队的人们直接说：“对不起，我能先买吗？”排队的人们献出了不屑的目光，没人给他让位置。

第二个人走进队伍后则说：“对不起啊，能让我先买吗？因为我赶时间，怕耽搁了事情。”结果，排在最前面的人给他让出了位置。

这个就是著名的“因为”理论。在以上的例子中，起关键作用的就是“因为”这个词。正是由于使用了这个词，让你的句子的整个语境都大大改变了。本来插队是一个让人非常反感的行为，而且前来排队的人一定心情都很焦虑，直接说“能否让我先买”当然会撞在枪口上，必死无疑。别人凭什么让你先买啊？拒绝是他们最直接的反应。

然而，用了“因为”这个词之后，一是把句子的坚硬变为变柔和，降低了人们的抵触情绪，使事情有了可以商量的余地；二是“因为”后面的词语往往给人一种论证充分的感觉，比如“因为很忙”“因为没睡好”“因为他在”……尽管后面的词并不是十万火急的场面，但只是加上“因为”两字就变得无法让人推辞和拒绝。

如果不相信的话，我们再看看下面几个场景，你一定就会明白“因为”的奥妙了。

妈妈常常抱怨小明把玩具乱摆一地：

小明：“妈妈，我每一个都想玩。”

小明：“妈妈，因为他们每一个我都很喜欢，想随时看见它们。”

用“因为”表达出来的句子总带着些请示和歉意的意味，听到这样的句子，没有人会无情地再责骂下去或者反驳你的小小请求。像例子中的妈妈本来是很生气地跟小明说话，而小明如果按第一种方式说的话，感觉生硬而且没有任何意识到自己错误的意思，妈妈听了肯定还要继续唠叨小明一阵子。而第二句加上“因为”后效果就不一样了，听到这样的回答，妈妈们都很难再生孩子的气，甚至会觉得调皮的孩子真可爱。

老板对下属说这次的结果又没达到预期目标：

下属：“肖总，工程太大不好弄。”

下属：“肖总，因为这次的工程实在是太大了，很难掌控。”

第一句的回答有很强的推卸责任的嫌疑，只是单纯地说出问题所在，不足以堵住别人的口。而且，这么说也会让人感觉是抱怨领导无能。而第二句的回答就好很多，有强烈的道歉意味，而且没有丝毫推卸责任的感觉，老板自然也不会“咬着”错误不放。

妻子抱怨丈夫回来太晚：

丈夫：“老婆，公司实在太忙了。”

丈夫："老婆，因为公司很忙，所以晚上我们一直在讨论工作上的事。"

相信所有听到第一种回答的老婆都会觉得，这不过是个再平常不过的敷衍理由，怎么能随便善罢甘休呢？于是，像排查户口一样的辞令落在本来已经很累的丈夫身上了。第二句则表现出一种坦诚的解释，并且非常希望得到老婆的谅解，听到的人也会觉得比较舒服。老婆也会高抬贵手，放你一马。

"因为"的力量很强大，但也不能乱用。那什么情况下该使用，什么情况下又需要慎用呢？分别只在始终看准一条原则：是否跟"请求"之类的词语相联系。比如"对不起啊，因为我很赶时间，能不能先借我用一下"等等，"因为"出现在这里，一定是为了跟自己的目的呼应才有意义。

这同时也突出了"因为"这个词语强有力表达效果的应用方式。他并不是直接说"对不起，让我先用一下，因为我要赶时间"而是用了完全相反的结构和语气，就完全变成了一种万能的、会被所有人认可的问法。别人听了也非常舒服，会很爽快地接受你的请求的。

"因为"真是个万能词汇啊！实际上，无论是何种问题，你都可以尝试用"因为"来解决，而且你会发现，这样说以后别人大多会同意你的意见。在请求别人的帮助时，在对自己的行为道歉时，在你不得不触犯一些东西时，你都可以用"因为"来说服对方。在心理学上，它直接和人的积极反应相对接，自然也会提高你说服的成功率。

不能说的“为什么”

人们能够容忍而且常常很乐意你说“因为”句式，但绝对不喜欢你追着问“为什么”。小时候我们都看过《十万个为什么》或者《蓝猫淘气三千问》，往往更喜欢回答问题者，而嘲笑问问题者。

其实，没有几个人禁得住别人追问几个“为什么”，我们最怕回答问题了。

说服成功的起点一定是先让对方不讨厌你，或者说是先让对方喜欢上你。但是“为什么”的不恰当应用则摧毁了任何美好的开始。“为什么”不是在任何情况下都能说的，明白了这一点，我们的情况起码就不会变得更糟。

俗话说，“病从口入，祸从口出”。有人一句话能谈成大买卖，有人一句话能气跑所有人。说话时应尽量避免那些具有危害性的词语。

有人想请客办事，看看约定的时间过了，还有一大半的客人没来。主人心里很是焦急，便说：“怎么搞的，该来的客人还不来？”一些敏感的客人听到了，心想：“该来的没来，那我们是不该来的喽？”于是，已经坐下的客人悄悄地走了。主人一看又走掉好几位客人，愈加着急了，便说：“怎么这些不该走的客人，反倒走了呢！”剩下的客人一听，又想：“走了的是不该走的，那我们这些没走的倒是该走的了！”于是就全都走了。

最后只剩下一个跟主人较亲密的朋友，看到这种尴尬的场面，就劝他说："你说话前应该先考虑一下，说错了，就不容易收回来了。"

主人大叫冤枉，急忙解释说："我并不是想让他们走的啊！"这个朋友听了，大为光火，说："不是叫他们走，那就是叫我走了！"说完，头也不回地离开了。

上面这个例子就是不会说话的典型情况，一句话得罪了所有的人。很多人看到这个例子会想，这样的人太少了，怎么会说错话到这种程度。甚至还把自己跟故事中的人比较，觉得自己还算比较会说话的。

其实，你也可能常常在不经意的时候，就犯了语言上的大忌。平时说话的时候，你有没有这样说过：你为什么不多陪他一会儿？为什么总是你迟到？为什么不先喝茶再吃饭？你为什么总有问不完的问题？……

这些话说出来会给对方什么样的感觉呢？责备、厌烦甚至恼怒。这会让对方感到深深的自卑和逆反心理，往往会导致事情向非常不好的一面发展。无论在什么情况下都请记住："为什么"实是不能随便说的。套用 TVB 的常用话语就是，饭可以乱吃，话可不能乱说。

每一件对周围有恶劣影响的事情都是有源头和原因的。一句错误的话，很可能就会导致双方陷入僵局。这个具有危害力的词语和话语就成为双方矛盾的一个起点。"为什么"就是这样的一个词，在你还没有意识到事情的严重性的时候，它已经无形中拉远了你们的距离。比较下面两段对话，你就能琢磨出其中的微妙差别了。

为什么你总是一个人？——让人感觉是在嘲笑自己孤单，没有朋友，自然没有想说话的欲望。

总是一个人回家多没意思啊，以后跟我们一起吧！——让人感觉是关心，没有逼问自己孤独的原因，但是却更容易让人打开心扉，和你诉说缘由。

为什么你总是失败呢？——让人感觉是质问和责骂，对自己能力的直接贬低，从而内心产生强烈的排斥和自卑。

经历这么多不好的事情要总结一下原因了！——直接告诉对方解决的办法，让人感觉亲切、可行，没有讥讽和责备的感觉。

即使再好的朋友和最亲的人，也不能所有的话都直说，尤其是一些带有约束性、教育性的话题更加不能用“为什么”之类的话说。“为什么”这样的句式给人一种不友好、凶巴巴教训人的感觉。有时候恰当的反问和互动心理可以让自己明白该说什么，不该说什么。

言语之间流露出来的杀伤力就像在别人的伤口上撒了盐一样，不仅不能说服对方去做什么，反而伤害了对方的自尊心和荣辱感。说服是一门博大精深的科学，不仅讲究办法，也要讲究艺术。生活中，我们常常把直言直语划分到正面的性格当中，但是在某些时候，最好用柔和的、商量性的词语、善意的劝诫和提醒式说话等方式。

有一次，陶行知校长看到两个男孩在学校里打架，他仔细询问了缘由，便让那个最开始惹事的小男孩去他的办公室。

等陶校长到了办公室的时候，那个小男孩已经在办公室等他了。

陶校长见到他，没有说什么，从口袋里拿出一块糖给了他说：

“你比我来得还早，说明你守时，这块糖是奖励给你的。”小男孩脸红地低下了头。陶校长又说：“我调查过了，你打那个同学是因为他欺负女生，这正表明了你很有正义感，懂得保护女同学，也值得奖励，再奖励给你一块糖吃，呵呵。”

“呜呜……”小男孩终于忍不住哭了，并且承认了自己的错误。

所谓柔能克刚，人都有吃软不吃硬的心理，无论什么时候，这样的方法总能给对方一个台阶下，也就更容易达到说服对方的目的了。

五个有用的提问用语

既然“为什么”不能乱说，那我们通常用哪些词汇来提问呢？

这个世界上有很多很神奇的词汇，用它们说话，对方几乎不会有生气和听话的可能。

第一，“你相信”。

例子：你相信这个世界上的成功有捷径吗？你相信你能做好这件事情吗？你相信他真的没有作弊吗？

第二，“你是否认为”。

例子：你是否认为，只有当我们为了成功付出百分之百努力的时候，我们才有可能想出办法？你是否认为，只要一个人足够努力，他就能获得成功？你是否认为，人们都是喜新厌旧的呢？

第三，“想一想”。

例子：想一想，如果要做成一件事，不花费大量的努力，怎么会成功呢？想一想，如果你是他，你会怎么办呢，是否可以做得比他更好呢？

第四，“所以，你是不是首先要……”

例子：所以，你现在是不是要抓紧努力了呢？所以，你是否应该更加努力完成这件事情呢？所以，你是不是该早点来，不要再迟到了？

第五，“很好，如果……你是否愿意……”

例子：很好，如果现在有一个办法，能够让你坚定自己的目标，而且不用花费任何财务，只需要付出劳动和耐心，你是否愿意马上去实践呢？很好，如果有这样一个机会，你是否愿意尽自己所能，去努力实现你的梦想呢？

这样一席话下来，相信很多人都会为之动容，而且当你分别用他们其中一个的时候，也能收到很好的效果。这种商量中含有指导性的词语，被视为说服中的金钥匙。

第四章
超限效应：感受一语千金的力量

有个人去听一位牧师的演讲，开始的时候，他被深深地感动了，拿出很多钱准备捐款。一个小时过去了，这个人认为牧师的演讲估计该结束了，但牧师仍在继续，他有点不耐烦，决定只捐一些零钱算了。两个小时过去了，牧师还在滔滔不绝，这个人开始反感，决定一分钱也不捐了。三个小时过去了，牧师还在翻来覆去地讲同一个道理，这个人烦透了。好不容易挨到牧师演讲结束，开始时准备捐钱的这个人，不但一分钱没捐，还趁人不注意从捐款钵里拿走了一些钱。

在生活中，你是否经常会看到类似的现象：一位妈妈三番五次地对孩子说“你要把你的屋子收拾干净”，可孩子将妈妈的话当作耳旁风，屋子杂乱依旧；妻子不知疲倦地提醒丈夫“你该戒烟了”，可丈夫依然吞云吐雾……造成这些现象的原因，就是刺激过多、过强、过久，超过了合理的限度，引起了人们心理极不耐烦或反抗的情绪，使事物朝相反方向发展。心理学上将这一行为称作“超限效应”。

简洁说话更有力

托尔斯泰说过："人的智慧越是深奥，其表达想法的语言就越简单。"其实真正打动人心的语言往往不是长篇大论，而是那些简洁有力的话。

第二次世界大战期间，面对希特勒的进攻，英国节节败退，人心彷徨，士兵士气低沉。当时的英国首相丘吉尔觉得有必要做一场演讲，来激励士兵的士气，挽救国家的命运。

丘吉尔拄着拐杖，戴着草帽，慢步走向讲台，先把草帽放在讲台，然后从左到右横扫了整个军营，说："永不放弃！"然后又从左到右横扫了整个军营，说："永不放弃！"当时整个军营鸦雀无声，连一根针掉在地上的声音都可以听到。然后他再次从左到右横扫了一次整个军营，加大音量说："永不放弃，永不放弃，永不放弃，永不放弃！"整个军营都兴奋起来，欢呼声和拥抱淹没了整个军营。此后英国连连打败了德国希特勒的进攻。

这就是丘吉尔最著名的演讲，世界上最震撼的演讲，同时也是世界上最短的演讲。对此，你有什么想法吗？在这个讲究效率的时代，不要用你的长篇大论来浪费彼此的时间，折磨别人的耳朵了，简洁明晰地表达自己的观点才能收到更好的效果。

我们如果希望自己说的话能够在别人身上起作用，就不能采取简单的重复，而是能换个角度、换种说法，将对方的厌烦心理、逆反心理降到最低，到那时，你也许能真正体验到"一语千金"

的威力。

把多余的话去掉

有些人自以为口才好，话匣子一开就如黄河之水天上来，滔滔不绝。华丽的辞藻、夸张的修饰、工整的排比……

一波接着一波，让人“耳不暇接”。这种人往往自我感觉良好，殊不知自己的言谈其实已经背离了说话是为了交流与沟通的本来目的。听众在“享受”其高超的语言盛宴时，忽略了他语言中要表达的实质。因此，单纯从语言的角度上说，他们是聪明的，不聪明能说得那么好吗？但从效用的角度来说，未免华而不实，如同塑料花一样徒有其表。

《三国演义》中有一段“白门楼斩吕布”的故事。吕布被曹操所擒，曹操考虑到吕布本领高强，有心饶他不死，留下为己所用。为此，他征求刘备的意见。刘备担心吕布归顺曹操后，不利于日后自己称雄天下，希望曹操处死吕布。这时，刘备本可以列举吕布的很多劣迹恶行，但他仅选择了吕布心狠手辣、恩将仇报、亲手杀死义父的典型事例来说服曹操。刘备只说了句：“公不见丁建阳、董卓之事乎？”一句话提醒曹操，吕布反复无常，很难成为心腹，弄不好就成为吕布的刀下鬼。于是，曹操下决心，立斩吕布。

吕布曾有恩于刘备，吕布被斩之前，也曾提醒刘备：“君不记辕门射戟之事乎。”然而刘备却不予理会，只用一句提示性的话，就坚定了曹操的决心，立刻就要了吕布的性命。

从某种程度上说，能言善辩比写作更实际、更为人们迫切需要。话要说到点子上才能起到关键性的作用。所以话并不是说得越多才越有说服力，要抓住谈论的要害，才能事半功倍。因此在人际交往中处于不败之地，就要有个好口才，这就像我们辩论一样，抓不住对方的论点要害，永远也不会把对方击败。

从前有个客商新开了一家酒店，为了招徕顾客，特备厚礼请几个秀才为他写一块招牌。甲秀才大笔一挥写下了“此处有好酒出售”七个大字。众秀才议论纷纷，乙秀才说：“‘此处’二字太啰嗦。”丙秀才说：“‘有’字也属多余。”丁秀才认为酒好酒坏顾客自有评价，“好”字应当删去。这时甲秀才带着几分怒气认真地说：“如此说来还是干脆只留个‘酒’字算了。”众秀才频频点头赞许，大家也欣然接受。

现在，我们看到许多售酒处都会贴一个“酒”字或者挂一个“酒”字招牌，就是由这样一个故事演变而来的。

简洁能使人愉快，使人喜欢，使人易于接受。说话冗长累赘，会使人茫然，使人厌烦，达不到目的。简洁明了的清晰声调，一定会使你事半功倍。人们交流思想、介绍情况、陈述观点的时候，为了能够使对方更快地了解自己的意图，领会要领，往往是用高度凝练的语言。在开口之前，先让舌头在嘴里转个圈，把多余的废话减掉，一开口就往点子上说，才能在激烈的社会竞争中处于不败之地。

话说多了难免失准

夜路走多了，自然容易碰上鬼；话说多了，自然容易嚼到自己的舌头。曾国藩曾说过："人生坏事的两个因素，一是自傲，二是多言。多言生厌，多言招祸，多言致败，多言无益。"

《笑林广记》中有一笑话，可能大家都听说过。说有人在家设宴款待帮助过他的人，一共请了四位客人。将近晌午，还有一人未到，于是自言自语道："该来的怎么还不来？"一听到这话，一位客人心想："主人这么说，那么我是不该来了？"于是起身告辞。主人很后悔自己说错了话，便道："不该走得又走了"，另一位客人心想："难道是说我是该走的了？"也起身告辞。主人因自己表达不周把客人气走了，十分懊悔。妻子也埋怨他不会表达，于是他辩解道："我说的不是他们啊"。最后一位客人一听这话，心想"不是他们！那只能是我了！"，于是叹了口气，也走了。

这则笑话当然有些夸张。将生活中常见的事情进行夸张，是形成笑话的一个重要手法。但笑话归根到底也是如艺术一般，尽管高于生活，但来源于生活。

《鬼谷子·本经符》中有云："言多必有数短之处。"这就是成语"言多必失"的出处。为什么言多必失，我们可以从两个角度来分析这个问题。首先，任何一个人都客观存在一定的语言失误率，从概率的角度来说，"言"的基数越大，失误的绝对数目就会越大；其次，言语过多，难免把时间与精力侧重在说上了，给思

考留的时间与精力过少，必然会增加语言的失误率，

我们从小就知道，做人要“知无不言，言无不尽”，意思是知道的就要说，要说就毫无保留地说。但长大后却发现，这句箴言是有问题的。首先，什么是“知”，是“真知”还是你所“知”？其次，如果什么都“知无不言，言无不尽”的话，人岂不成了一台不知停歇的肉喇叭？最后，无所顾忌的“言”，难免变成伤人的刀。

邻居老张和妻子干架，令老张脸上挂彩。有好事者问你：老张伤从何来。你“知无不言”地说明来由，有必要吗？然后还“言无不尽”地传播他们之所以干架的原委，不是多事吗？一句“不太清楚啊”的回答，不是很好。要是好事者继续诱导你：“听说是老张妻子发飙……”你装糊涂，一句“是吗？我不清楚”给打发了，不是很好吗？

聪明的人，在非原则问题上懒得作计较，在细小问题上懒得去纠缠，对不便回答的问题佯装不懂，对有损自身的问题假作不知，以理智的闭嘴化险为夷，以聪明地闭嘴平息可能发生的种种矛盾。一个人唯有静下心来，才能集中精力，才能心地空明，才能明察秋毫，才能多听、多看、多想，才能不鸣则已，一鸣惊人。而且，因为你恰如其分的闭嘴，无疑给别人留下了足够广阔的表演空间，而你则是一个好听众、好观众，这样无疑是会赢得别人的好感与尊重的。

如何做到言简意赅

说话言简意赅的人都有一个共同点，那就是具有非常出色的语言组织能力。词语是人说话的基本元素，用对了字眼不仅能打动人心，同时更能带出行动，而行动的结果便是展现出另一种人生。马克·吐温说："恰当地用字极具威力，每当我们用对了字眼……我们的精神和肉体都会有很大的转变。"

说话时需要精心遣词，恰当用字，这样不仅可以准确地表达自己的意思，而且能够起到感染听者的效果。这才是言简意赅。

交谈时，若是你说对了话，就能使人欢笑、排除心病、给人希望；若是说错了话，就会使人难过、伤心、令人绝望。

许多历史上的伟大人物就是因为善于遣词造句、激励人心，才得以开创伟大的事业、名留青史。

有一位伟人曾在演讲中这样说道："当我们今天得以享受到充分的自由时不要忘了《独立宣言》，它是两百多年来所给予我们每个人的保障。同样地，当我们这些年致力于种族平等时，不要忘了那也是因为某些字眼的组合而激发出来的行动所致。没有人会忘记马丁·路德·金博士打动人心的那一次演讲，他说：'我有一个梦想，期望有一天这个国家能真的站立起来，信守它立国的原则和精神'……"的确，用词恰当不仅能打动人心，还能引导行动。

第二次世界大战期间，英国正处于风雨飘摇之际，有一个人的话激起了英国全民抵抗纳粹的决心，结果他们以无比的勇气挺过了最艰苦的时刻，打破了希特勒部队所向无敌的神话，这个人就是丘吉尔。

从某种程度上说，人类的历史就是由那些具有震撼力的语言推动的，然而却鲜有人知道那些伟人所拥有的语言力量也能够在我们的身上找到。这能改变我们的情绪、振奋意志，乃至于有胆量敢于面对一切的挑战，使人生丰富多彩。

那么如何提高你的语言组织能力呢？答案就在于认真观察。

把自己看到景、事、物、人等用描述性的语言表达出来，就是描述。在进行描述训练时，你完全可以充分发挥你的全部才能把很多合理的内容增加进去，这样你的描述就会更充实、更生动。

小的时候学过的看图说话，就跟描述很类似。只是描述的不仅是图，还有生活中的景、事、物、人等，要求比看图说话高一些。

利用描述的方法训练口才，比前面介绍的几种方法更进了一步。这种方法没有现成的对象，完全是你自己能力的体现，完全是一种创造。对于同一描写对象，不同的人有不尽相同的表述，即使同一个人，不同的时间也可能出现不尽相同的表述。

这种训练方法的主要目的就是训练你的语言组织能力、对事物的观察能力和敏捷的思维能力等。

无论是平时的谈话、聊天，还是论辩、谈判、演讲，都必须具有较强的组织语言的能力，没有这种能力，不可能拥有一张悬河之口，口语表达能力的基本功就是组织的能力。

我们在跟别人说话时用词常常十分谨慎，然而却不留意自己习惯用的字眼，殊不知我们所用的字眼会深深影响我们的情绪，也会影响我们的感受。因此，如果我们不能好好地掌握怎样用词，如果我们随着以往的习惯继续不加选择地用词，很可能就会扭曲事实。譬如说当你要形容一件很了不起的成就时，用的字眼是“不错的成就”，那对你的情绪就很难造成兴奋的感觉，这全是因为你用了具有局限性的字眼所致。一个人若是只拥有有限的词汇，那么他就只能体验有限的情绪。反之若是他拥有丰富的词汇，那就有如手中握着一个可以调出多种颜色的调色盘，可以尽情来挥洒你的人生经验，不仅为别人，更可以为自己。

人类的历史也可以说是由那些具有威慑力的话所写成的，这些话可以调动你的情绪，振奋你的精神，使你有胆量面对一切挑战，让你的人生过得更有意义。

选择使用积极性的字眼，能够振奋人心。反之，若是选择使用消极的字眼，就会让人自暴自弃。

精准表达三原则

记得有位作家在领一个文学奖时，应邀发表了这样的即兴演讲：“瓜田里有很多瓜，我是一个瓜，并不比别的瓜大、好，只是长在路边上，被人发现了。”

作家将自己比作普通的瓜，被人发现只不过是运气好而已，谦逊、雅致而又幽默。感言简洁，但绝不简单，其含义深刻，让人听后难忘。

一个人要在社交中做到表达简洁却不简单，真正让自己的口才“秀”起来，需要从以下三个方面加强自己。

首先，学会概括。我们在交流思想、介绍情况、陈述观点、发表见解时，为了让对方能够很快了解自己的表达意图，领会要领，往往要使用高度概括、十分凝练的语言，提纲挈领地把问题的本质特征描述出来，以达到一语中的、以少胜多的效果。很多伟人都有这种能力，他们善于把握形势，抓住问题的症结，且能用精准的语言加以概括描述，其作用和影响非同一般。恩格斯曾说：“言简意赅的句子，一经了解，就能牢牢记住，变成口号。”难怪毛泽东同志的“星星之火，可以燎原”“人不犯我，我不犯人，人若犯我，我必犯人”等等名言警句至今仍闪耀着真理的光辉。

其次，学会应急。由于受客观环境的限制，有时容不得你长篇大论，侃侃而谈。例如在战场上、在抢险工地、在各种危急关头，甚至是一对情侣在汽笛拉响的站台前话别，根本来不及去高谈阔论。此时，唯其简明扼要的话语，才能显示其特有的锋芒。反之，在紧急关头作长篇大论，则事与愿违。比如，1812 年英美战争全面爆发前夕，美国政府召开紧急会议讨论对英宣战问题。会上，一位议员的发言从下午开始一直持续到午夜，发言者竟然不理会会场上许多议员四起的鼾声。结果另一位议员又急又怒，用痰盂向发言者头上掷去，才结束那人的发言。待通过决议时，英国人已经打到了美国人的家门口了。很显然，这种“马拉松式”的发言，超出了听众的心理承受能力，不但无法让人接受，而且因贻误战机所造成的损失更是难以计算。如果说写文章可以“有话则长，无话则短”，那么，在快节奏的今天，表达应该提倡“有话则短，无话则免”的原则。

最后，学会通俗。简洁的语言一般都通俗明快，若要追求辞藻的华丽、句式的工整，则必然显得拖沓冗长。

要使自己的语言简洁凝练，不是一件很容易的事，从“两句三年得，一吟双泪流”“吟安一个字，捻断数茎须”等名句中，我们似乎揣测到古人追求语言简洁精当的良苦用心。如何使自己的语言达到“少而准”“简而丰”，重要的是要培养自己分析问题的能力，要学会透过事物的表面现象，把握住事物的本质特征，同时要善于综合概括。在此基础上形成的语言，才能做到准确而精辟，有力度和魅力。

沉默也是一种语言

人的关系是很微妙的，往往一句“说者无意，听者有心”的话，伤害就不知不觉造成了；即使你本意不是伤害别人，却总是处处显示自己，把别人陷于被动、尴尬的局面，那就糟糕了。更何况在错综复杂的交际网中，在城市的每一个角落里，无时不隐藏着杀机和危险，有“一失足成千古恨”的先例，更有祸从口中出、引祸上身的酒桌之言。无心之言、戏言、多嘴之言都会随时带给你这样或那样的结果，造成上下级间的关系紧张、夫妻间的关系不和、朋友间的误会、邻里间的矛盾等。所以，话不在多，言多必失，聪明人都懂得这个道理，绝不会让自己的精力浪费在说废话上。

爱因斯坦在研究出相对论出名之前，默默无闻地在小镇上生活着，过着深居简出的日子。他一心投入在理论的研究中，从不会为了自己的头发长短或者衣服的搭配与否而浪费时间。有一天，他在街上遇到了一位久违的朋友，朋友看见他不修边幅的样子十分吃惊，劝他注意一下形象，不要再穿得随随便便就出门。谁知爱因斯坦却回答道："这有什么关系呢？反正这里的人都不认识我。"

他在理论上取得重大突破之后，一夜成名。可他还是和从前一个样子，宁可把时间花在读书、拉小提琴上，也不愿意修饰一下自己的穿着，仍和从前一样随便、简单。一天，他又遇到了那位老朋友，老朋友看见他这副样子更加惊讶，劝他好好整理一下头发，换两件衣服，改变一下形象。可爱因斯坦却说："这有什么关系呢？反正这里的人已经都认识我了。"

想想看，如果爱因斯坦不是这么平静地回答朋友的提问，而是一大篇的废话，那么出名之前，人家可能会觉得这个人真不安分，总是抱怨现状、想入非非；出名后，人家肯定以为他目中无人、自以为很了不起。所以，与其话太多给人留下把柄，不如沉默下来，给人家想象的空间，也避免授人以柄。

话太多会招致别人的反感，也会招致别人的嫉妒。有时候也许你的话无伤大雅，可是为了表现自己而处处张扬的人，也会给人华而不实、聒噪肤浅的感觉。滔滔不绝把自己的优点、缺点全部暴露，可能也算是实在、算是一个优点，但对那些不熟悉的人、有些无关紧要的人，表达得过分了，也就失去了神秘感。让人一眼看到底，显得内涵不够，让人怀疑你实在腹中空空。

有些话可能有些庸俗，但细细想来却是不灭的真理："做人留三分"，"木秀于林，风必摧之"。过于张扬，开口便喧宾夺主、口若悬河，即使你真的有真才实学，也难免令人厌恶。不如适当地沉默，保持内涵，让人感觉你高深莫测、成熟稳重。凡事在心不在口，如果你平时不显山露水，说话不多却思路清晰、言之有物，令人如沐春风。那么，在关键时刻，那些平时吹擂的人反而会各个退后，让你站出来真正解决难题。这时候，别人一定非常惊喜，着实佩服你的能力。当然，我们推崇的沉默不是忸怩作态，而是拥有真正的内涵。而拥有真正内涵的人，通常也明白保持沉默的道理。

过去，心理学家常常认为人们应该把自己的心里话讲出来。但现在人们逐渐发现，在与他人的交往中，有时更需要忍耐和沉默。沉默不是无奈，更不是软弱。有时候，不说比说更有威力。

狭义的沉默是指一言不发、缄口不语；广义的沉默则是不通过言语，而是运用目光、神态、表情、动作等，间接地表达自己的思想感情。在生活中，沉默具有丰富的内涵：第一，沉默可以避免冲突升级；第二，沉默可以做暗示性表态。正如古罗马著名演说家、政治家西塞罗所说："沉默蕴含着一种艺术，沉默也蕴含着雄辩。"

沉默是人际沟通的无声"武器"。在日常交际中，遇到难以说清是非的问题时，你不妨也像这位农民一样，以无言应对喧哗，这会产生比硬碰硬更大的震慑力量。

第五章
知己知彼：通过细节读懂他人

一个人有什么样的心思，就有什么样的举止行为。往往一些生活细节，透露了人的最隐秘的心理活动。没有人的心思是藏得住的，除非他毫无心肝。

如果能通过对细节的观察，进而读懂摸透对方的心理，交流沟通就尽在掌握之中了。心理高手很容易从对方的身体姿势、面部表情以及不经意的小动作中，看出对方的真实想法。同样的道理，对方也能从我们的表情和举止中，发现我们的动摇和不安。

内心的秘密是藏不住的

人们无法完全隐藏自己的情感或想法。即便自我感觉隐藏得很好，也会通过某些小动作或声音的高低表露出来。想要看透对方的真实想法，就绝不能漏掉这些微小的信号。

例如，当你提出某个方案后，如果对方出现了双眉上挑或眉头紧皱的表情，这个表情是“疑虑”的信号。也就是说，他对你的方案持怀疑态度。

再比如，当你热情地进行产品说明时，对方用指尖轻轻地敲着桌子，或老在椅子下不停地摇摆双腿。这些都是“无聊”的信号。因此，你应该尽快结束产品说明，以后再找其他的机会。

韩非子曾说：“圣人见微已知萌，见端以知末。”意思是说，圣人能从微小的信息中预测出将来的结果。从对方无意中的一句话或一个动作中看透他的内心，并采取相应的对策。

绝不能放过这些微小的信号。《吴起兵法》曾说：“以见占隐，以往察来。”意思是从现象看本质，从过去的事件推测将来的情况。如果认为这些小动作微不足道而忽略过去，就无法窥破对方的内心世界。

那么，怎样才能发现这些信号呢？

要看出这些信号，一般都依赖我们常年积累的习惯，没有必要进行特殊训练。

在和人们交往的过程中，我们逐渐会明白：如果这样说，对方也许会不高兴；心情不好时对方的话会变少，不和我们对视，而且常常话里带刺。因此，只要能积极地和人交往，就能培养出看透对方内心世界的能力。

通过着装风格窥探内心秘密

是什么把我们和我们的衣服联系在一起？我们的自我认识、我们与他人的关系，我们的欲望，还有我们丰富的心理情绪——愤怒、羞耻、欢乐、忧伤……

有两位国际有名的精神病学家在意大利托斯卡那的一次疯狂购物之后，对人们的着装行为进行了精神分析。

他们的问题是，为何我们所穿的衣服会带上浓重的情绪色彩？

通过研究发现，衣服位于个人世界和社会世界的交界处。它是我们身体的一部分，因为我们选择和穿戴了它，但它同时也属于外部世界。这个处于世界和自身之间的交界位置，使得我们和衣服的关系非常丰富和复杂，所以，着装会向自己和他人发送信息。没有人是只为自己而穿衣的；凡参加宴会的人，即使是个很不修边幅的人，也不能不稍微注意一下穿着。

此外，母子关系的重要性也决定了我们的穿衣行为。因为一个人在婴儿时期得到的各种照顾中就有穿衣一项：母亲给孩子选择何种衣物，如何包裹婴儿，如何欣赏裹在衣服里的婴儿。慢慢地，这就变成我们的着装习惯。

精神分析师唐纳德·温尼科特说得很好：母亲的目光是孩子

看自己的第一面镜子。成人后我们穿着各种衣服在镜子面前试来试去时，有几分寻找当年母亲看我们的目光的意味。

这里有一个“购物狂”的故事：某时髦女生买了一大堆的衣服。但每一次她都觉得没有找到自己真正要的衣服……其实，她真正在找的可能是母亲慈爱的目光，而不是什么具体的衣服。

为什么会这样呢？在她母亲对她的爱中有什么缺失吗？或是她自己有什么问题让她没能感受到母亲的爱？这其中充满各种各样的可能性。

衣服会影响我们的情绪吗？是的，绝大多数的人都是这样感觉的。过完一个不开心的白天后，谁都会想换一身衣服，以便换一个心情。这种做法是基于这样一种认识——情绪会渗透到衣服里，似乎外部世界和内心世界之间会相互渗透。有时确实是这样！但人们往往很难说服自己相信这种想法。

另外的一种解释是，人们往往倾向于把衣服看成自己经历的代言人，购买衣服成为在自己身上消化他人形象的一种方式。我们发现，热恋中的男女喜欢穿情侣衫，即使那种款式并不适合他们。

这并不一定是负面的，因为个体在自我建构过程中，需要从他人的形象中选取一些元素，然后据为己有。那些总是穿同样颜色或者同一款衣服的人，他们的衣服在告诉我们什么呢？

这有很多种可能性，取决于每个人的经历。通常，这类行为展现的是个体与自我形象的关系。固定的着装，可能是源于内心世界的犹豫不决、变幻不定。

有人喜欢一年四季都穿黑色服装，可能他内心比较阴暗。有人却不管冬夏，都穿白色衣服。因为白色衣服看起来干净，符合她洁癖的喜好。

在镜子里看到同一个样子的自己，成为加固身份认同的一种方式。这让人潜意识里觉得，如果变换着装风格，就可能失去自我。有多少爱美的女人不喜欢穿丝袜呢？

为什么有些人比别人更重视着装？其实，过分重视着装常常是为了巩固脆弱的自恋。如果一个人对自己有信心，就不需要不断检查自己是不是穿了合适的服装，而信心不足的人就要在外表上同样贯穿内在的自恋。相反的表现是：有些人你给他任何衣服，他都会穿上；还有一些人会说他们穿的衣服，“就是为了跟大家一样”或者“为了让人完全注意不到自己”。

这些行为并不是没有意义的。他们是害怕领先于人吗？他们觉得需要躲藏在不引人注目的衣服后面吗？无论人们以何种方式穿衣服，无论人们对衣服有没有兴趣，穿衣行为总是有意义的。在我们生活的某些时刻，着装是否会具有更重要的意义？

是的，一般在青少年时期。这个时期，身体的变化带给人内心巨大的扰动，而衣服可以让他们控制自己身体的外在表现。在这个身体发生巨大变化的时期，衣服要么是展现这个变化，要么是遮盖。所以，青少年会非常重视个人的着装风格。女孩子从这个时期开始把大把时间花在镜子边，而男孩子也开始随身带个小镜子，时不时地拿出来照一番。

在生命的每个时段，人们都会在衣服上投射某些特别的东西。成年人，在上面附加了爱情、人际、友谊。我们在过去和现在之间往返，而衣服是这个过程中的一种支撑。

过去的衣服让我们想起身体以前的样子，我们保留下来的死者衣服让我们想起这些过世的人。

还有我们在家里才穿的旧毛衣，也是这样。我们常说“自我感觉良好”，是不是也意味着在自己的衣服里感觉良好？

衣服可看成皮肤的延伸。但找到自己的穿衣风格或穿着适合自己的衣服，并不意味着自我感觉良好。

着装风格可能受家庭、伴侣和社会地位的限制。有很多女人的着装风格只是为了取悦自己的伴侣，所以，在她们的本来面貌和表现出来的样子之间有很大差异，这可能成为痛苦的源泉，尽管这衣服确实很配她们。

生活细节泄露玄机

你想了解某个人的时候，即便不直接接触本人，也能轻松地发现那个人的性格或人品。因为通过观察他周围的环境，就能发现许多有价值的东西。

据说美国的大富豪、石油巨头洛克菲勒十分擅长在对方毫无察觉的状态下观察他人。他会在休息日突然去公司员工的家中拜访，通过观察书架上摆放的书来判断下属的个性。

洛克菲勒内心到底是怎么想的，我们不是很清楚。或许他会这样判断下属：“原来他经常阅读哲学方面的书籍啊！那么肯定能对事情进行长远的分析，比较适合担任××职位……”

当你想读懂某人内心世界的时候，仔细观察他周围的环境，或许能比实际交往了解到更多信息，大家一定不要忽略这一点。

例如有位女士，上班时总是穿着名牌服装，背着名牌包，带着昂贵的手表，全身上下无一不是名牌。根据这些信息你就可以判断她是个表现欲强、争强好胜的人。只要能判断出她的性格特点，就能采取有针对性的措施，比如可以委任她负责竞争性强的工作。

办公桌也一样。有的人桌子上杂乱无章，而有的人不整理得井井有条绝不罢休。仔细观察这些细节，就能看清这个人的性格。

中国古代有位皇帝曾经在新年的时候召集文武百官打麻将。

“那家伙在东边很旺，就派他到东边任职吧。”

“这小子有聚拢财力的能力，让他负责财政吧。”

如此这般，通过观察打麻将的运气来进行人事任命。

人们的嘴巴可以随便撒谎，行为习惯却无法撒谎。因此，即使不和对方直接谈话，也可以通过观察他的行为习惯看清这个人的本质，而且不会被欺骗。孔老夫子就非常明白这个道理，他说：“始吾于人也，听其言而信其行；今吾于人也，听其言而观其行。”

因此，在说服活动中，你应该注意观察对方吸烟、拿杯子的方式，以及对方的发型是否凌乱，领结是否松开，提包中是否整整齐齐，笔迹是否潦草等细节。这样一来，对方的内心世界就会完全暴露在你面前。

精神分析学的创始人、奥地利学者弗洛伊德曾经总结了对患者进行心理劝导的窍门，其中一条就是“注意观察细节背后的信息”。可以说，这个方法完全可以应用到商务往来中。注意观察细节，可以看透一个人的性格。

以“猫”为话题开始谈起

我们在日常的闲聊中也能调查对方的为人。

人们在正式场合和严肃的场景下，会感觉非常紧张，而不能自由发挥。但闲聊时，精神都很放松，本性也容易暴露，这就是机会。

《孙子兵法》中有一个方法叫“攻其不备”，它也可以应用在人际交往中。主动和对方聊天，当对方的戒备心松懈的时候，就可以看出他的人品。

其中一个方法就是询问对方是否喜欢猫。

这个方法其实十分简单，你可以在聊天时随意地问一句：“对了，我想养个宠物，你喜欢猫吗？”然后观察对方的反应。

法国启蒙思想家卢梭在和别人讨论问题时，肯定会问对方“你喜欢猫吗”，然后再开始讨论。为什么卢梭会提这样莫名其妙的问题呢？这是因为他认为可以由此推测出一个人的人品。

极其讨厌猫的人，大多自尊心强、占有欲强。以政治家为例，讨厌猫的人中有很多是独裁者。比如沙皇俄国的亚历山大二世，讨厌猫是出了名的。古罗马恺撒大帝、意大利独裁者墨索里尼，也都讨厌猫。文学大师鲁迅先生也比较讨厌猫。

“我特别讨厌猫。”毫不避讳地说出这句话的人，大概都是想要所有事情按照自己的意愿发展，否则就不会满意的人。

反之，如果对方回答喜欢猫，那么他应该是那种不怕麻烦的人。被誉为“美国最伟大的总统”林肯以及为非洲的麻风病人奉献一生的史怀哲博士，都是喜欢猫的名人。史怀哲是诺贝尔和平奖获得者，他曾说：“逃离生命迷思的方法有二：音乐和猫。”可见他对猫是多么喜爱啊！

和狗相比，猫不易与人亲近。狗能服从主人的命令，而猫却做不到。因此，喜欢猫的人比较稳重，或多或少可以容忍别人的任性。

这么说来，有人可能就讨厌猫，觉得狗更可爱。如果以此进行自我分析，看来这种人属于独断型，如果有什么事情不能如愿马上就会不高兴，真是个让人头疼的坏脾气。

和别人初次见面时，作为闲聊的话题，你可以问问他是否喜欢猫，或者问问他喜欢猫还是狗，或许能由此发现对方的性格特点。

他把手藏起来了吗

如果你想知道对方对你的信任程度，可以在交谈的时候，观察他的手是放在桌子上，还是藏在桌子下。

一般来说，如果对方把手藏在桌子下面，说明他处于戒备状态，对你不太信任。我们可以由此想到，读书的时候，如果觉得老师讲得实在无趣，就偷偷拿着一本好看的小说在桌箱里阅读。这时的我们，也是出于随时藏住证据的戒备状态的。

日语中有个短语，直译就是“让对方看手心”，意思是坦白所有秘密。的确如字面所说，如果对方没有让你看到手，说明他心存戒备或感到紧张。黑帮电影中的杀手，往往戴着墨镜一只手揣入怀中，随时准备把枪。

有些人尽管面带微笑，而且也向你提供了一些看似重要的信息，却把手藏在了桌子下面，这就说明他没有真的敞开心扉。

完全向你敞开心扉的人会把手放到桌子上，并把手心摊开，这样的人才真正敞开了心扉。

比较坦诚的人，会把手放到桌子上。但如果他总是紧攥拳头，或紧紧握着圆珠笔，则说明他到现在还在犹豫是否要完全敞开心扉。

戒备心最强的人，会把手藏在桌子底下。此外，有些人会把手放在自己的膝盖上，一副彬彬有礼的姿态，但彬彬有礼就意味着他和你存在心理上的隔阂。

据一位看手相的占卜师讲，在请他看手相的人中，有人会马上把手伸出来，有的人则会有些犹豫。

这表现出他们戒备心的强弱，也表现出了他们袒露内心的程度。马上把手伸出来的人，肯定非常听占卜师的话；伸手之前犹豫再三的人，对占卜师会持怀疑态度，不论占卜师提出怎样的建议，都会马上遭到反对。

初次见面的人信任你吗？对方的手可以帮你作出判断。只要注意观察，就能看出对方戒备心的强弱。把手藏在桌子下戒备心强的信号把手放在桌子上，并把手心摊开。敞开心扉的信号只要观察对方手的姿势，就可以知道他是否对你敞开了心扉。

与不同性格的人交谈

在人际沟通中，如果你稍微留心一下，就可以把人们分成三种：爱说话的人、爱听不爱说的人、不爱说也不爱听的人。

下面我们具体讨论如何应对这三种人。

1. 应对爱说话的人

这种人最容易应对，你只要用一两句话引导他，他便会一直说下去。对这种人，你要有足够的忍耐功夫，不管他说得怎样，你都要耐心地听着，那么他就会非常高兴；哪怕你一句话不说，他也会以你为知音。

2. 应对爱听不爱说的人

这种人就比较难应付了。他虽生性不爱说话，却十分喜欢听别人说话。你要不说，这局面就难以维持下去，那么你就得小心了。

你可以由头说到尾，但你要牢记，你是说给对方听，不是说给自己听；不在于只图自己痛快，必须顾全到对方的兴趣。你要为听者着想。第一你要先探出对方有没有兴趣（用几个回合的问答就可以探出来了），然后选择有兴趣的话题谈下去。一般人愿意听你的谈话，大多因为你有某种值得听的东西：或由于你刚从外地带回来很多消息，或由于你的某些经验值得学习，或由于你知道了一些特殊的新闻，或由于你对某一问题具有独特的见解……所以他才愿意耐心地听你说。

有一点要注意，说一个题材时要适可而止，不可拖长，否则仍会令人疲倦。说完一个题材之后，就要另找新鲜题材，如此才能把对方的兴致维持下去。

其次是在交谈当中，你必须时常找机会诱导对方说话。说到某一部分征求他的见解，或谈到某个问题时请他发表自己的意见等，要使对方不致呆听。

3. 应对不爱说也不爱听的人

这种人通常坐在客厅的一个角落里，抽着香烟。当偶然听见别人哄然的笑声时，他也照例地跟着笑，但这笑显然是敷衍的，因为笑容随即收敛，他的眼光已经移到窗外或是墙上的另一张字画上去了。

这是最难应付的一种人。要是在别人的家里遇到，或在宴会里刚巧他坐在你身边，那你就不能不想办法应对了。

为什么这种人如此落落寡合呢？大概有两种原因。

第一，他可能是在一伙人当中年纪较大或较小，或学问兴趣不合；谈天说地，问题无非是饮食男女，可能会言语粗俗、言不及义，使比较有修养的人望而却步，所以他才独自躲坐一角。只要你知道症结所在，应付是不难的。你可以从几句问句中探明他的兴趣是什么，然后和他谈论下去。他见你谈吐不俗，一定会以你为知己，如此一来，僵局就打开了。

第二，他的思想并非特别高深，不过生来有点怪僻，与人难合。你用几句话探出其原因后，就可以采取另外的一种方法去应付他。

“贝克汉姆近来技术不行了！”比方你知道他对足球颇有兴趣，

这一句是很好的激将法，因为十个足球迷中有九个拥戴贝克汉姆。如此一来，他必不肯善罢甘休，你当然要在后来表示屈服，不过在战略上你已经胜利了。

这种激将法同样可用在对付学问高超但生性却古怪的学者身上。“如果要提高中学生的语文水准，一定要加强文言文的教育。”对于一个提倡白话文的学者，这句话是不能忍受的。于是你的目的又达到了。

在任何场合中，遇到任何人，谈话的方法是先要成竹在胸，以备随机应变。

注意反复出现的小信号

如果你想看清对方的本质，一定要注意反复出现的信号。对谈话感到无聊的人，肯定不会只表示出一次无聊的信号，这个信号会反复出现。例如，不停地用指尖敲桌子，不停地摇晃椅子，反复看表，一直盯着门口看，眼睛在无关紧要的地方飘来飘去等等。

如果对方只用指尖敲了一次桌子，你就认为对方感觉无聊了，未免有些武断。只有对方反复做类似的动作时，才能下定论。

在判断对方的真实想法时，要以信号“反复出现”为判断标准。假如一个人具有领导能力，肯定不会只发挥一次，在许多场合我们应该都能观察到他在运用这种能力。

人的性格以及行为模式具有很大的连贯性，不会在朝夕间发生巨大的变化。只要注意这种连贯性，就能轻易看清对方的内心世界。内向的人会反复表露出内向的特点，外向的人会反复表现出外向的特点。对方性格特点的连贯性会告诉我们他的真实想法。

美国堪萨斯州立大学的心理学家杰姆斯·萨特博士，也将"反复出现"作为正确判断一个人想法的条件之一。他认为通过反复确认，能更准确地把握对方的真实想法及情感。

大家千万不要认为不费吹灰之力就能看透一个人的内心。

"他或许是这样的人。"

大多数情况下，这只是你个人的猜测，不表示你已经准确理解了对方的内心。即使是一流的心理咨询师，为了能准确地把握来访者的想法，也需要反复和他面谈，更何况非专业人员。特别是初次见面时，很难在几分钟内洞察对方的真实想法。

但只要注意观察对方的动作，就能发现明显的特征。

之所以明显，是因为它会反复出现。不管是口头禅、小动作，还是对方喜欢使用的某一个词，抓住反复出现的线索，肯定能从中看透对方的想法。谈话时，要注意对方反复出现的动作。

香港电影《赌神》里面，人们为了打败赌神，就在闭路电视里特意观察他的一举一动。结果，赌神识破了这一伎俩，故意在关键时刻摸一下戒指。这一动作反复出现，成了赌神的标志性行为。可惜，这只是个烟幕弹。周润发不是周星驰，需要绮梦的激励，才能发挥神乎其技的赌术。

当然，这只是虚构的电影，但其中的道理却值得我们反思。

用手遮嘴：不要让你听到我在说谎

当人们说出了不该说的话，会下意识地捂住嘴巴表示懊悔，或者防止自己再继续说下去。这是一种下意识的动作，最能表达其真实的想法。所以，不要去相信他后面说的话，很可能是谎言。

在平时的交谈中，我们也许会发现一个现象，就是说话人在说完某一句话时，会突然捂住嘴。这说明了说话人的什么心理呢？我们一起来看看。

1. 不该让他知道这个秘密

陈佩斯和朱时茂的小品《警察与小偷》里，有这样一个情景：

陈佩斯扮演的小偷在巷子口替正在干坏事儿同伴望风，恰巧遇到朱时茂扮演的警察巡视。

朱时茂问："你在这儿干什么？"

陈佩斯回答："我在望风儿。"

他意识到自己说漏了，紧接着用手捂了一下嘴，改口说："啊，不，我在放风儿。"

陈佩斯为什么会下意识地捂住了嘴呢？其实，他心里是在想："这个秘密不能让他知道！"

当你和别人交谈时，如果对方说话到一半，或者刚开了个头，就下意识地捂住了嘴巴，这可能是对方不愿意告诉你这件事情，但是毫无防备地说了半截。

这种情况下，我们不要相信他捂住嘴巴之后所说的话，那很可能是他临时编的谎言。只有他捂住嘴巴之前，不经意间说出的话，才是可信的。

并且，无论对方说了什么，无论这个秘密多么让你惊讶，你都要装作不感兴趣的样子，这样才会让对方安心些，接下来和你的交谈也会更顺畅些。否则，他可能会陷入说漏嘴的懊悔中，不再认真地和你进行交流，使谈话毫无意义。

2. 不能让他看出我撒了谎

员工小王想看一眼发工资的单子，于是趁没人的时候，偷偷溜进了人事部的办公室。当他看完正要出门的时候，碰到外出办事儿回来的同事。

“你怎么会在这儿？有什么事吗？”

小王遮住嘴巴，轻咳了一声：“啊，没什么，我来找小李，刚好他不在。”

心理学家告诉我们，在和别人交谈时，如果对方突然遮上了嘴巴，那么大多是因为说了谎。他试图通过捂住自己的嘴巴，来掩饰自己说出的那些谎话，或者遮挡说谎的痕迹。为了表现得更自然点，有些人还会像案例中的小王一样，在遮上嘴巴的同时，假装咳嗽来掩饰。

也就是说，用手遮住嘴巴，有可能是说了谎话，想掩饰自己的心虚。

比如，班会上，教室内一片安静，老师讲完话，问班长有没有事情要说。他摇摇头，说“没有”，手却不自觉地遮住了嘴。这时，他很可能在撒谎，因为比较有顾虑，该不该当着全班同学的面把某个问题说出来。

而且，如果能看到他的嘴巴，嘴巴的形状很可能是紧闭的，或者牙齿咬着下嘴唇。这表明，他的心里在纠结：“到底是该说呢，还是不该说。”

遮住嘴巴就是在告诫自己，代表的是“不能让自己陷于危险中”或者“不能得罪人”的心理；蕴含的潜台词是“不要让他看出我在说谎”，“不能让他知道这个秘密”。

抓挠脖子：我说的话你也信

微表情关键词　脖子和耳朵的距离很近，挠耳朵是在说谎，心理学家研究发现，挠脖子同样也可以起到放松情绪的作用。也就是说，人们在下意识地抓挠脖子时，很有可能是在说谎！

如果在讨价还价时，店主对你说：“这真是最低价，不能再低了。”同时，我们看到他在抓挠这脖子，那千万不要相信他说的话！他抓挠脖子的动作已经显露了他在说谎！其实，他还赚着很多，你完全可以再使劲儿往下压价格。

心理学家研究发现，人们在撒谎之时，会感到紧张，大脑不自觉地指挥手触摸身体，起到保护自己和放松情绪的作用。这些动作包括握紧手、摸鼻子、摸耳朵、抓挠脖子等。

人们抓挠脖子，一般是用食指抓挠脖子的侧面或者耳垂下方的那块区域；女性的动作幅度更为小一些，通常用手指盖住脖子和胸相接的地方，解剖学上称其为“胸骨上窝”。

美国联邦调查局前反间谍特工乔·纳瓦罗有一次调查一名持

械通缉犯，前去他母亲家问话。其母亲知道儿子被通缉，显得有点紧张，但是面对盘问却对答如流。

“你儿子在家吗？”当纳瓦罗这么问她的时候，她把手放到胸骨上窝，说：“不在。”纳瓦罗继续提问其他问题，几分钟后，又突然问道：“有没有他趁你不在，偷偷藏在家里的可能？”母亲再次把手放到上次放的地方，表示自己不知道。

纳瓦罗觉察到了她这个小动作，确信她在说谎。为了进一步证实，离开之前他又问了一句：“你确定他真的不在家里吗？”结果，她又一次将手放在胸骨上窝，回答说不在。

纳瓦罗申请了搜查令，最后，在母亲家里的密室找到了他的儿子。

这位母亲三次说谎，三次用手抓挠脖子，身体语言供出了他儿子就藏在家里的事实。当一个人说“我非常理解你的感受”，但同时他的食指在脖子上抓挠了五次以上，那么我们可以断定，实际上他在说谎！

自从梁雅洁的同事离职之后，她就一个人干两个人的活儿，成天忙得脚不沾地儿。过了两个月，她实在不能忍受了，找到主管领导诉苦，提出要求，要么提工资，要么重新招一个人。在听梁雅洁说完之后，领导表现出很同情的样子，抓挠着脖子说：“你说的这些公司都看在眼里了，我们也承认你做的工作的确不少。这样吧，我会跟上级领导商讨解决这个问题的。”梁雅洁得到这样的保证后，依然努力地做两个人的工作。

可是，过了很长一段时间，梁雅洁的问题迟迟没有得到解决。她觉得很懊恼，为什么领导说话不算话呢？

其实，如果她懂得领导挠脖子意味着什么，就不会轻易相信他了！而是应该不罢休，时时督促他快点招人。领导的手在抓挠脖子，这才是他真正的实话："我们可以理解你的感受，可是，公司暂时还没有招聘计划。"

在日常生活中，如果遇到总是说话抓挠脖子的人，那就别轻易相信他的话！理智的做法，应该是放弃跟这样口是心非的人交朋友，因为，他是永远不会拿真心对你的。

越是"强调"，水分越大

人们撒谎时主要靠语言，他一定不愿意让对方听出破绽，所以会事先编好一套说辞，以为这样就能掩饰。其实，这样会让谈话方式显得很刻意，无意中已经泄露了他其实是在说谎的秘密。

当一个人说谎的时候，为了不让对方看出破绽，他会在谈话过程中十分注意。所以，如果仔细听，会发现他说话的模式和常人不同。

1. 说谎的人记忆力都很好

警察在审问一个嫌疑人。

警察："你还记得3月18号晚上10点钟，你在做什么吗？"

嫌疑人："哦，那天我吃完晚饭，躺在家里床上看电视。我还记得当时看的是五频道，我最喜欢的足球节目。"

警察："你晚饭吃的什么？"

嫌疑人："我晚饭吃了一份芝士披萨，还喝了一杯啤酒。"

警察："这可是一个月前的事儿了，既然你记得这么清楚，那请问那天你穿的什么衣服？想好了再回答，因为我们有当天你走进公寓时的监控录像！”

“这个……我真的忘了，我……”嫌疑人头上开始冒冷汗。警察把这一切都看在眼里，后来经过审问，他果真就是那个抢劫犯。

当你问到某个具体信息时，说谎的人一定会做出解答，而不会说不知道，因为他们害怕引起别人的怀疑。例如，这个抢劫犯，为了让警察相信他一直在家，特意说出看了什么电视，吃了什么饭等具体信息。记忆力这么好的他，偏偏忘记了自己穿什么衣服！其实对大多数人来说，不要说一个月之前，恐怕一周之前某天做了什么，他都无法记得。

2. 说谎的人不会把事情描述得很详细

丈夫一晚上没回来，第二天，妻子问他：“你昨天晚上是不是又赌钱去了？”丈夫有些慌张，说：“不是。我跟朋友们喝酒去了。”妻子接着问：“是吗？都有哪些朋友？去哪儿喝的酒啊？”丈夫：“就是关系不错的那几个朋友，去老地方喝酒了。”

很显然，妻子不会相信丈夫模模糊糊的回答。当一个人说谎的时候，他是心虚的，他害怕给出的信息越多，漏洞就越大。所以，当妻子问到具体的人时，丈夫不敢多说，害怕会穿帮。说谎的人，禁不起追问细节，如果有怀疑，只要多问几句，就会知晓答案。

3. 故意提供更多信息

警察审问嫌疑人的案例中，我们发现，当警察问抢劫犯他吃过晚饭在做什么的时候，他说自己在看电视，而且还主动报出了节目内容。这就是典型的说谎方式之一！

说谎的人是心虚的，他害怕被看穿。所以，为了取信于人，会对自己的谎言加以更详细的描述。跟前面的区别是，他是不打自招，主动说出来，并且因为是早已在心里编造好的谎言，说出口的时候显得不假思索。

对于真诚的人不是这样，他们内心坦然，就不会再去做多余的解释。

比如，女友打电话给男友，很长时间才接，问为什么这么晚才接听啊？如果没做坏事儿，男友一定很坦然地告诉她："哦，我在卫生间，没听着。"如果他啰唆很多："我在卫生间，水龙头开得很大，我的房子隔音效果太好了……"那他一定在说谎。

在谈话中，如果是说了谎，一定会有某些语言，或者说话方式表现得很刻意，只要我们认真观察、仔细体会，是可以找出其中破绽的。

双臂交叉：别和我靠得太近

将双臂交叉抱于胸前，是一种防御性的姿势，防御来自眼前人的威胁感，保护自己不产生恐惧，这是一种心理上的防卫，也代表对眼前人的排斥感。

这个动作似乎在传达着"我不赞成你的意见""嗯，你所说我完全不明白""我就是不欣赏你这个人"。当对方将双臂交叉抱于胸前与你谈话时，即使不断点头，其内心其实对你的意见并不表示赞同。

也有一部分人在思考事情的时候，习惯将双臂交叉抱于胸前，但是一般而言，具有这种习惯的人，基本上是属于警戒心强的类型。在自己与他人之间划下一道防线，不习惯对别人敞开心胸，永远和对方保持适当的距离，冷漠地观察别人。

日本的著名演员田村正在电视剧中经常摆出双臂交叉抱于胸前的姿势，也由此他给观众的感觉，不是亲切坦率的邻家大哥，而是高不可攀的绅士。他不是那种会把感情投入到对方所说的话题中，陪着流泪或开怀大笑的类型。他心中好像一直藏有心事，在自己与他人之间筑起一道看不见的墙。这种形象和他习惯将双臂交叉抱于胸前的姿势，似乎十分吻合。

个性直率的人一般肢体语言也较为自然放得开。当父母对孩子说“到这边儿来”，想给孩子一个拥抱的时候，一定会张开双臂，拥孩子入怀。试试看将双臂交叉抱于胸前对孩子说“到这边儿来”，孩子们绝不会认为你要拥抱他，而是担心自己是否惹你生气，准备挨骂了。

防卫心强的人，大部分在幼儿时期没有得到父母亲充分的爱，比如：母亲没有亲自喂母乳、总是被寄放在托儿所、缺乏一些温暖的身体接触。在这种环境之下长大的人，很容易表现出此种习性。

观察一下对方，是习惯将双臂交叉抱于胸前、还是自然地放于两旁呢？自然放于两旁的人，较为友善易于亲近，并且可以很快与你成为好朋友。但是，假如你有不想告诉他人的秘密，又想找人商量的时候，请选择习惯将双臂抱于胸前的人。因为太过直率的人守不住秘密，而喜欢双臂抱胸的人会将你的秘密守口如瓶。但是，要和这种人成为亲密的朋友，可能要花上一段很长的时间。

第六章
巧嘴办事：天下没有难办的事

对于擅长心理学的口才高手来说，天下没有办不成的事。办事讲策略，说话有方法。有一张巧嘴，才能得到事半功倍的效果，否则就会变得事倍功半，甚至招致失败。

巧妙提出办事请求

任何人都有获得别人尊重的欲望，所以在向别人提出要求时，我们要特别注意使用礼貌语言，维护对方的面子，照顾人家的意愿，巧妙地提出自己的要求，讲究分寸，让对方在不经意中向你敞开心扉。

1. 间接请求

通过间接的表达方式（例如使用能愿动词、疑问句等），以商量的口气把有关请求提出来，讲得比较婉转一些，令人比较容易接受。

“你能否尽快替我把这事办一下？”

（比较：赶快给我把这事办一下！）

通过比较，我们不难看出，间接的表达方式要比直接的表达方式礼貌得多，因而更容易得到对方的认可和帮助。

2. 借机请求

借助插入语、附加问句、程序副词、状语从句及有关句型来减轻话语的压力，避免唐突，充分维护对方的面子。

“不知你可不可以把这封信带给他？”

（比较：把这封信带给他！）

语言中有很多缓冲词语，只要使用得当，就会大大缓和说话的语气。

3. 激将请求

通过流露不太相信对方能成功的想法，把请求、建议表达出来，给对方和自己留下充分考虑的余地。

“你可能不愿意去，不过我还是想麻烦你去一趟。”

你请别人帮忙或者向别人提出建议时，如果对方可能不具备有关条件或意愿就不应强人所难，自己也显得很有分寸。

4. 缩小请求

尽量把自己的要求说得很小，以便对方顺利接受，满足自己的愿望和要求。

“你帮我解决这一步已使我感激不尽了，其余的我将自己想办法解决。”

我们确实经常发现，人们在提出某些请求时，往往会把大事说小。这并不是变着法儿使唤人，而是适当减轻给别人带来的心理压力，同时也使自己便于启齿。

5. 谦恭请求

通过抬高对方、贬低自己的方法把有关请求等表达出来，显得彬彬有礼、十分恭敬。

“您老就不要推辞了，弟子们都在恭候呢！”

请求别人帮助，最传统有效的做法是尽量表示虔敬，使人感到备受尊重，乐于从命。

6. 自责请求

首先讲明自己知道不该提出某个请求，然后说明为实情所迫不得不讲出来，令人感到实出无奈。

“真不该在这个时候打搅您，但是实在没有办法，只好麻烦您一下。”

在人际交往中，要知道在有的时候、有些场合打搅别人是不适合的、不礼貌的，但这时又不得不麻烦人家。这就应该表示知道不妥，求得人家谅解，以免显得冒失。

7. 体谅请求

首先说明自己了解并体谅对方的心情，再把自己的要求或想法表达出来。

“我知道你手头也不宽裕，不过实在没办法，只好向你借一借。”

求人的重要原则就是充分体谅别人，这不仅要在行动中体现出来，而且要在言语当中表示出来。

8. 迟疑请求

首先讲明自己本不愿打扰对方，然后再把有关要求等讲出来，以缓和讲话语气。

“这件事我实在不想多提，但形势所迫，不得不求助于您了。”

在提出要求时，如果在话语中表示自己本不愿意说，会显得自己比较有涵养。

9. 述说请求

在提出请求时把具体原因讲出来，使对方感到很有道理，应该给予帮助。

“隔行如隔山，我一点儿也不知道人家那边的规矩。您是内行，就替我办了吧！”

在提出请求时，如果把有关理由讲清楚，就会显得合乎情理，令人欣然接受。

10. 乞谅请求

首先表示请求对方谅解，然后再把自己的愿望或请求等表达出来，以免过于唐突。

“恕我冒昧，这次又来麻烦您了。”

请求别人原谅是通过礼貌语言进行交际的最有效方法。用这种方式来进行交流显得比较友好、和谐。

尴尬话题委婉出口

对于容易造成尴尬局面的话题，有些人往往避而不谈；但一味消极逃避未必是最佳选择，况且有些事情关系重大，无法逃避，不得不面对。这就必须讲究策略，使尴尬话题委婉出口。

1. 己话他说

如果把两个人面对面地置于一个尴尬场面中却又不留回旋的余地，显然是不适宜的。尽量人为地拉开话题与现场之间的距离，给双方留下一个缓冲带。

张三拜访在市一中当校长的老同学李四，想把自己在普通中学读初二的儿子转学到一中。为了避免遭到李四拒绝的尴尬，张三先是称赞了一中良好的教学质量，然后说：“我那不成器的儿子居然也想来一中镀镀金，也不想想自己……”李四一听知道话中有话，忙说：“他的想法没错，只是……”

于是，一场尴尬无形之中避免。

2. 实话虚说

张三刚刚托好友李局长为自己办件事，忽然听说李局长被“双规”的传闻，不知真假，又联系不上李局长，就到李家探望。确实只有局长夫人在家，满脸愁容。张三说：“我打李局长的手机总是打不通，便赶过来看看是不是发生了什么事？”张夫人长叹一声：“唉，胃病又犯了，昨天送医院了……”

原来如此！如果张三实话询问李局长是否真的“双规”，那场面会如何？

3. 庄话谐说

轻松幽默的话题往往能引起人感情上的愉悦，庄重严肃的话题则会使人紧张、慎重。要有可能，最好能把庄重严肃的话题用轻松幽默的形式说出来，这样对方可能更容易接受。

在当今，谁都希望自己获得高工资、高职务。可如果向老板公开提出加薪或升职要求，是不是有点尴尬？一个青年打工者成功地克服了这一点，为我们做了个示范。

他在一家外资企业打工，在较短的时间内，连续两次提出合理化建议，使生产成本分别下降30%和20%。老板非常高兴，对他说：“小伙子，好好干，我不会亏待你的。”

青年当然知道这句话可能意义很大，也可能不值一文。便轻松一笑，说：“我想你会把这句话放到我的薪水袋里。”洋老板会心一笑，爽快应道：“会的，一定会的。”不久他就获得了一个大红包和加薪奖励！

面对老板的鼓励，青年人如果不是这样俏皮，而是坐下来认真严肃地提出加薪要求，摆出理由若干条，可能会适得其反。

4. 明话暗说

渡江战役前夕，国共和谈破裂，国民党政府即将垮台。周恩来力劝国民党和谈代表留在北平共事，不要回去做蒋家的殉葬品。代表们也对原政府失去了信任，却又不知毛泽东能不能容忍他们的这些异党分子，就想探个究竟，也好为自己求得一条退路。可如果直接相问，就明显有乞降之嫌。有一个成员趁打麻将的时候，轻描淡写地问毛泽东：“是清一色好，还是平和好？”毛泽东心领神会，爽快地答道：“还是平和好，我喜欢打平和。”

就这样，一个重大的信息悄然传了过去，代表们全留了下来。问者固然高明，回答者也是不凡。如果毛泽东再把暗话挑明，拍胸脯担保众人平安无事，一则显得深度不够，二则也似当面在说：“我饶你不死。”则双方尴尬在所难免。

抓住对方的兴奋点

《孙子兵法·九地篇》中说：“为兵之事，在佯顺敌意。”这句话的意思是说，指挥打仗，在于假装顺从敌人的意图。

社会心理学的研究证明，人的情感引导行动。积极的情感，比如喜欢、愉快、兴奋，往往产生理解、接纳、合作的行为效果；而消极的情感，如讨厌、憎恶、气愤等，则带来排斥和拒绝。要使人对你的态度从排斥、拒绝、漠然到对你产生兴趣并予以关注，就需要最大限度地引导、激发对方的积极情感。“佯顺敌意”，投其所好，就得善于寻找对方的“兴奋点”。

佯顺敌意并不一定要借助物质手段，有时赞美他人、从心理上使其满足，也能达到良好的效果。

清代著名画家郑板桥名气很大，脾气怪，不肯向权贵富豪低头折腰，也不愿卖字画给他们，如果不得不给，就把题上款一项省掉。如果题有上款，称为某兄某弟，那就是郑板桥对那人青睐有加了。

扬州有一个盐商叫王德仁，字昌义，家财万贯，却苦于得不到郑板桥的一幅正版字画，即使辗转迂回地弄到几幅，也不会有上款，这事一直让他耿耿于怀。

王德仁长期谋划，得知郑板桥就爱吃狗肉。如有人做一锅香喷喷的狗肉送给他，他会写一小幅字画回报，而且不要钱。

郑板桥喜欢出游，常常流连山水，乐而忘返。一天，他游到一处地方，时已过午，有点饿了。忽然听到悠扬的琴声从远处飘来，他循声寻去，发现前面有一片竹林，竹林中有两三间茅屋。刚走近茅屋，一股肉香扑鼻而来，茅屋里面有一位老者，须眉皆白，正襟危坐弹琴，旁边有一个小童正在用红泥火炉炖狗肉。郑板桥不由得垂涎三尺，对老者说："老先生也喜欢吃狗肉？"老者说："世间百味唯狗肉最佳，看来你也是一个知味者。"郑板桥深深一揖："不敢，不敢，口之于味，有同嗜焉。"老人说："那太好了，我正愁一人无伴，负此风光。"于是便叫小童盛肉斟酒，邀郑板桥对坐豪饮。

郑板桥高兴极了，肉饱酒酣之余，想用字画作为回报。见老者四壁洁白如纸，但却空无一物，便问："老先生四壁空空，为何不挂些字画？"老者说："书画雅事，方今粗俗者多，听说城内有个郑板桥，人品不俗，书画也好，不知名实相符否？"郑板桥说：

“在下就是郑板桥，为先生写几幅如何?”老者大喜，赶忙拿出预先准备好的纸笔。于是郑板桥当面挥毫，立成数幅，最后老者说：“贱字‘昌义’，请足下落个上款，也不枉你我今天一面之缘。”郑板桥听了不由一怔，说道：“‘昌义’是盐商王德仁的字，老先生怎么与他同号了?”老者说：“我取名字的时候他还没有生呢，是他与我同字，不是我与他同字，而且天下同名同姓的人太多了，清者清，浊者浊，这有什么关系呢!”

郑板桥见他说得在理，而且谈吐不凡，于是为他落了上款，然后道谢告别而去。

第二天郑板桥一早起来，想起昨天吃狗肉的事，总觉得有点不对劲，于是叫一个仆人到盐商王德仁家去打听情况。仆人回来说，王德仁将郑板桥送的字画悬挂中堂，正在发柬请客，准备举行盛大的庆祝宴会。

原来，王德仁以重金聘请了一位老秀才，花了几个月的时间在他经常去的地方等待，才抓到了这个机会，让郑板桥上了当。

像郑板桥这样清廉正直的人，却被一顿狗肉引上了“钩”。可见“投其所好”的方法只要运用得当，可以办成许多难办的事。

抓住对方的心理弱点

对方怕什么，就专门跟他玩什么。抓住对方的心理弱点，攻其一点，不计其余。

战国时，齐国人张丑被送到燕国做人质。不久，齐、燕两国关系紧张，燕国人想把张丑杀掉。

张丑得了消息，立即寻机逃走，尚未逃出边境，又被燕国一官吏抓住。

张丑见硬拼不行，便对官吏说："你知道燕王为什么要杀我吗？"

"不知道！"

"因为有人向燕王告了密，说我有许多财宝，但我并没有什么金银财宝，燕王偏偏不信我。"张丑说到这里，见官吏糊里糊涂，接着又说："我被你捉到了，你会有什么好处呢？"

"燕王悬赏100两捉你，这就是我的好处。"

"你肯定拿不到银子！如果你把我交给燕王，我肯定会对燕王说，是你独吞了我所有的财宝。燕王听后一定会暴跳如雷，到时候你就等着陪我死吧！"张丑边说边笑。

官吏听到这里，越发心慌，越想越害怕，最后只好把张丑放了。

张丑得以死里逃生，全靠他的这番话，他成功的原因在于抓住了官吏的心理弱点，然后一击击中。

在美国，关于第六任总统亚当斯的故事很多，他的一个特点是不愿轻易表露自己的观点，往往使报社的记者失望而去。有位叫安妮·罗亚尔的女记者一直很想了解总统关于银行问题的看法，可屡次采访也同样没有结果。

后来她了解到总统有个习惯，喜欢在黎明前一两个小时起床，散步、骑马或去河边裸泳。于是她心生一计。

一天，他尾随总统来到河边，先藏身树后，待亚当斯下水以后便坐在他的衣服上喊道："游过来，总统。"

亚当斯满脸通红，吃惊地问道："你要干什么？"

"我是一名女记者。"她回答道，"几个月来我一直想见到你，就国家银行的问题采访一下。我多次到白宫，他们不让我进，于是我观察你的行踪，今天早上悄悄尾随你从白宫来到这里。现在我正坐在你的衣服上。你不让我采访就别想得到它，是回答我的问题还是在水里待一辈子，随便。"

亚当斯本想骗走女记者，"让我上岸穿好衣服，我保证让你采访。请到树丛后面去，等我穿衣服。"

"不，绝对不行"，罗亚尔急促地说，"你若上岸来抱衣服，我就要喊了，那边有三个钓鱼的。"

最后，亚当斯无可奈何地待在水里回答了她的问题。

对方怕什么就跟他玩什么，是一种非常手段。在此，需要提醒青年朋友的是，千万别把威胁的手段玩过了火，否则就会产生反面效果，要知道没人喜欢被威胁。

被威胁者会因气愤难当而进行反威胁，可能会导致两败俱伤的严重后果。

变通是办事的法宝

敏锐的眼光和判断力是事业成功的必备素质。任何事情在局势明朗之前，肯定都会有其前兆。具有慧眼的人会根据这些细微之处正确判断出事态的发展，采取相应的行动。要想获得成功就必须把自己培养成能判断形势的高手，从而把行动的主动权牢牢掌握在自己手中。

生活纷繁复杂，永远有许多无法预测到的问题会发生，唯一的办法就是保持应变能力。你要准备随时改变方向和思维方式，适应对手的变化。

机动灵活是办事高手的基本素质之一。穷则变，变则通，通则久。许多不能办成的事，如果能够采取变通的方法处理，就有可能取得成功。

战国时，庄公把母亲姜氏放逐到城颍，临行他发誓道："咱们不到地底下，别想见面！"

后来他又后悔了，颍考叔担任颍谷封人的官职，听说这件事后，亲自进贡礼物给庄公。庄公宴请他，他吃的时候单独挑出肉来放在一边。庄公问他为什么，他回答道："小臣有老母亲，我想弄些肉给她尝尝。"

庄公说："你有母亲可以送食物，唉，我却没有！"颍考叔说："请问这是什么意思？"庄公把发誓的事告诉他，并且说后悔不已。颍考叔说："您担什么心呢！要是挖个地道，然后您和姜夫人通过地道来见面，谁会说您违背了誓言呢？"

庄公照他的话去办。果然，母子两个就和好了。

跳出两难的选择

形而上学的人生活在绝对的两极思维的峡谷中，或者是甲，或者是非甲（乙），没有其他的选择。丰富复杂的社会生活以无数的事实证明这种思维方式是错误的。生活中常有这样的事情发生：既不是甲，也不是非甲（乙），而是丙。换一句话说，就一个问题的解决方案而言，正方案不行，反方案不行，只有正反方案之外的方案，即第三条方案才是最佳。

宋朝的蔡京在洛阳的时候，遇到一则有趣的诉讼案件。有一位妇女生过一个儿子之后改嫁了，在新家里又生了一个儿子。后来，两个儿子长大成人，都做了官。他俩争着奉养母亲，相持不下，打上了官司。断案的人没有办法裁决，向蔡京求救。蔡京听后说："这有什么困难？问问他们的母亲，愿意到谁家就去谁家，不就完了吗？"就这样，蔡京一言断了一案。

断案人之所以陷入困境，是他的注意力只在对立的两个方案中打转转，是这个儿子的要求对，还是那个儿子的要求对？他就没想到跳出这个圈子，另外想办法。蔡京的高明之处，就在于发现了第三条路。

办事能力平常的人在处理事情时，往往是一叶障目，在非常狭小的空间内打转转，不能以发散的思维和开阔的视野去寻求解决问题的方案。而办事能力高超的人能见人所未见，知人所未知，原因何在？其实很简单，就是他眼光敏锐，站得高，看得远，能在别人思考的范围之外思考，从而发现别人难以发现的东西。要想提高办事能力，应该善于在常规范围之外寻找解决问题的方案。

第七章
攻心为上：如何变“不”为“是”

大多数时候，人们说“不”的次数远远大于说“是”的次数。这就对说服构成了极大的挑战，因为人们喜欢否定你的意见，坚持自己的看法。那么，我们就需要学习怎样将别人口中的“不”变成“是”的方法。如果你能在说服中一开始就让对方说“是”，然后引导他继续说“是”，最后不知不觉地把他引入你的结论，可以说，说服工作就已经成功了一大半。

为什么他会说“不”

有些人最怕得到对方的否定，一旦听到对方否定的声音就觉得之前的努力一定前功尽弃了。但你也要知道，90%的人听到陌生人说话都会先说“不”，而且90%的人都会在说“不”后后悔。所以，有时你只需再坚持一些，或者找一些更好的方法，很快就能听到对方肯定的答案了。

人们爱说“不”只是一个很自然的反应，并没有什么具体意义。有时他们也不知道为什么要说“不”，但是就这样做了。

科学家发现，其实人们的行为有时完全不受大脑控制。比如你正在吃一个又大又红的苹果，慢慢咀嚼的时候你感觉到了苹果带给你的美味。但是情况改变时，情况就不同了。比如当你正吃得起劲时，突然发现刚咬过的地方居然有虫子在爬。你会大叫一声，然后把苹果扔掉。之后每一次吃苹果你可能都会想到之前不愉快的经验，甚至可能因此再也不吃苹果了。所谓“一朝被蛇咬，十年怕井绳”，说的就是这个道理。一次失败的经历带给你的负面影响是无穷的，你也因此忘记了几分钟之前十分美妙的滋味。

人的关系也是一样。有好的时候，同时也会有不好的时候，而且重要的是，总能带给你深刻的感受。不过，大部分的时候人和人之间的关系还是处于中间状态的。如果不懂得维护，这关系和状态就会越来越消极，甚至变得很糟糕，难以挽回。所以我们最主要的任务就是怎么样去维护这些关系。不过要学习怎么去维护关系、影响别人，就先要知道对方是怎么去做决定的，当然也包括他们的“不”。

最终的原因，我们可以从上面的例子看出来，那就是：人们总是能记住一些比较极端的体验，尤其是那些对他们有过负面影响的经历；他们一定更关注事情的结局；大部分人对未来没有清晰的认识。

所以，我们说服对方的方法也就露出了一些端倪：既然对方更容易想起对他们不好的事情，那何不用对他来说比较敏感的事情刺激他呢？尤其是在推销当中，如果你是一位推销化妆品的推销员，你可以对你眼前的顾客做这些行为：提醒她上次购买失败的经历，她被推荐坏的化妆品，然后找到空隙介绍自己的产品。如果是追求女孩子，这个方法则被运用得更多。你可以唤醒女孩子那些失败的感情经历，同时你一定要让她感受到你在这方面是绝对没有问题的。适时地安慰人家，爱情火花就慢慢点燃了。

大多数时候，人们对未来很模糊，他根本也不清楚自己到底想要什么，不想要什么。一般来讲，人们就是处于这种模棱两可之间。所以我们还有必要唤醒他美好经历的心理，给他们的未来指明一条新的道路。只要你信任我，你就可以通向这里，得到你想要的东西。

你一定经常听到这样的对话：

——“你说过了，难道你忘记了？”

——“我好像没说啊！”

或者，

——“你怎么能说起这个！我真的听到了！”

——“我没有，我真的没有！”

其中一定有一个人是错的，但是自己却并不知道。而且我们每一个人都可能在某个时刻头脑突然短路一下。这些由于记忆出现问题而产生的现象，不可能得到真正的答案。我们不能完全记住曾经的事情，自己不能，别人也不能。所以，当某些人沉迷酒色或赌博的时候，我们也可以把他们当作他们那些坏的记忆被短暂性删除了，他们当前只有欲望而不是理智在支配自己，大脑邪恶地把坏的事情给删除，也就感觉不到自己做了错误的事情。

这时，如果单纯地给他说某某事情是不对的，自然起不到好的效果。而且，他会像上面的句子一样说些不知所云的答案。你可以跟他们说这个简单的故事让他们明白。

一位著名的科学家通过医学试验研究了这种心理。他把那些需要做结肠镜检查的人分成两组，让他们用相同的方式做检查，并且要求他们必须按照固定的时间间隔汇报自己的难受程度。只是在检查结束时，其中一组把镜子取出之前，让它在身体里静止不动地多待上 1 分钟；而另一组则是检查完就把镜子取出来。

检查结果出来后，他们检查的感受也出来了，科学家发现：两组参与者对于结肠镜检查的回忆非常不一样。镜子在体内待的时间长的那一组，觉得结肠镜检查“没那么难受”，而另外一组则觉得“非常难受”。

这样你就可以说服你沉迷在股市中的朋友了，他们就是把检查镜放在体内多待一分钟的人，事实上你比别人多承受了一分钟，但是却因为你习惯了这样的环境而感到“没那么糟糕”了。听到这里，对方一定会有所动容。这时，你只需要重复告诉他们将会再次发生可怕的结果，就像你二次赔了好多钱一样，相信他会突然觉得自己曾经做了多么傻的事情，回头是岸。

在别人听到你的说服的时候，你也必须要专注于自己的所要达到的结果。而且这个结果性理论对于对方也是必需的。想说服他但又不告诉他明确结果的话，他很可能充满失败的恐惧一直走下去，也找不到出路。这时，他最需要你给他一个实际的结果，对方也会跟着这个结果配合自己的行动。

这就相当于你只告诉对方“怎么炒菜”却没告诉他“去炒菜”一样，我们不是为了单纯的说服过程而来的，而是为了一个实际的结果，在对方没有想到的时候，需要你明确地告诉他。

苏格拉底的精神助产术

古希腊大哲学家苏格拉底有一种独特的、启人思考的、开拓思维的方法：通过不断的发问，在辩论中弄清问题。他把这种方法称作“精神助产术”。

有一天，一个青年问苏格拉底：“怎样才能获得知识？”

苏格拉底将这个青年带到海里，海水淹没了年轻人，他奋力挣扎才将头探出水面。

苏格拉底问：“你在水里最大的愿望是什么？”

“空气，当然是呼吸新鲜空气！”

“对！学习就得使上这股子劲儿。”

苏格拉底还习惯到热闹的雅典市场上去发表演说和与人辩论问题。他同别人谈话、讨论问题时，往往采取一种与众不同的形式。

这一天，苏格拉底像平常一样，来到市场上。他一把拉住一个过路人说道："对不起！我有一个问题弄不明白，向您请教。人人都说要做一个有道德的人，但道德究竟是什么？"

那人回答说："忠诚老实，不欺骗别人，才是有道德的。"

苏格拉底装作不懂的样子又问："但为什么和敌人作战时，我军将领却千方百计地去欺骗敌人呢？"

"欺骗敌人是符合道德的，但欺骗自己人就不道德了。"

苏格拉底反驳道："当我军被敌军包围时，为了鼓舞士气，将领就欺骗士兵说，我们的援军已经到了，大家奋力突围出去。结果突围果然成功了。这种欺骗也不道德吗？"

那人说："那是战争中出于无奈才这样做的，日常生活中这样做是不道德的。"

苏格拉底又追问起来："假如你的儿子生病了，又不肯吃药，作为父亲，你欺骗他说，这不是药，而是一种很好吃的东西，这也不道德吗？"

那人只好承认："这种欺骗也是符合道德的。"

苏格拉底并不满足，又问道："不骗人是道德的，骗人也可以说是道德的。那就是说，道德不能用骗不骗人来说明。究竟用什么来说明它呢？还是请你告诉我吧！"

那人想了想，说："不知道道德就不能做到道德，知道了道德才能做到道德。"

苏格拉底这才满意地笑起来，拉着那个人的手说："您真是一个伟大的哲学家，您告诉了我关于道德的知识，使我弄明白一个长期困惑不解的问题，我衷心地感谢您！"

如果你学会了"是"字战术，你就可以做到两点：第一点是一开始就让对方说“是”；第二点是引导对方连续地说“是”。在解决一些比较麻烦的事情时，第二种方法尤其重要。在以上例子里，苏格拉底善于让别人从说“是”开始，一步步引导到自己的结论上来。

讲求有效的工作方法，是在激烈的竞争环境中取胜的一个诀窍。诱导别人说“是”，事实上并不是一件很难的事。而且“举手之劳”，就改变了一个人的心态和事情的发展方向。这其中的哲学就是投他人之所好，因势利导，始终让自己抓住事情的先机，让对方就不得不钻进事先设好的“陷阱”之中。

奥佛寺去教授在他的《影响人类的行为》一书中说：“当一个人说‘不’时，他所有的人格尊严都已经行动起来，要求把‘不’坚持到底。事后他也许会觉得这个‘不’说错了，但是他必须考虑到宝贵的自尊心而坚持说下去。因此，使对方采取肯定的态度，是一件特别重要的事。”

这的确是一种非常简单的技巧，但是它被许多人忽略了！大多数人，一开口就愚蠢地提出别人不能接受的事物，使别人立即采取反对的态度，因而弄得无法实现自己的目标。少数的聪明人，则在这方面取得了一个又一个的成功。

因此，如果要使你的意见被别人同意，你必须牢牢地记住：不断地引导对方说“是”。

在西屋电气公司做业务员的约瑟夫·艾利森就是引导别人说“是”的行家，他也凭借着这种本领而得到跟某公司合作的机会，顺利出售了很多发动机。

可是3个星期后，艾利森高兴地拜访这家公司的时候，这家公司的总工程师史密斯先生却向艾利森说了一句可怕的话：“艾利森，我不能再买你们的马达了。”

“为什么?”艾利森感到非常惊吓。

“因为你们的发动机太热了，我都不能把手放在上面。”总工程师回答说。

艾利森心想，这时如果与他争论是没有用的，因为他这方面的经验很丰富，所以艾利森想起了让对方说“是”的原则。

“是啊，史密斯先生。我非常同意您的说法，如果那些发动机真的太热，确实不适合再多买了。不过，你这里一定有符合电气制品公司标准的发动机吧?”艾利森问道。

“当然了!”艾利森得到了第一个“是”的反应。

“电气制品公司一般规定发动机的设计，其温度可高出室温华氏 72 度是吗?”艾利森接着问道。

“是的!”史密斯又同意，并说，“可是你们的产品还是太热了。”

“工厂里的温度是多少?”艾利森没有与他争辩，而是继续发问。

史密斯先生说:“大概是华氏 75 度左右。”

“是这样吗?”艾利森接着问，“假如工厂内的温度是 75 度，再加上发动机的温度 72 度，也就是华氏 147 度。假如您把手放在 147 度的水龙头下，是不是会烫伤呢?”

“是的。”这是个不能怀疑的问题。

“很好!”艾利森建议道:“那么，是不是最好不要把您的手放在发动机上呢?”

“我想，您说的是对的。”史密斯先生这样回答艾利森。最后他们还继续合作，史密斯先生又向艾利森订了 35000 多元发动机生意。

整个过程没有争辩，艾利森始终让史密斯回答“是，就是这样”。最后什么问题都解决了，合作照旧，买卖继续。

大多数人对事物的认知都是有限的，尽管他们认为自己并不比别人差，但确实需要更多的启示与学习。因此，很多时候对方的“是”是需要我们引导的。我们谈话的性质也主要是“启示式”或“询问式”的，而且“启示式”或“询问式”的交流比普通的交流更为有效。

有一对年轻夫妻，双方都是知识分子，都很能干。但男的希望妻子配合默契，想他所想。而妻子也常常坚持己见，不做让步。因此，他们经常争吵，有几次还打得鼻青脸肿。考虑到这个情况，男的以性格不合为由，坚决要求离婚。女的因为眷恋感情，坚决不肯。他们两个都来找单位领导诉说苦衷。

单位领导分析了他们的情况后，想选用“是”字战术说服男方收回离婚要求。于是，一场对话就这样开始了。

领导：你们俩性格不同是吧？

男方：是的。

领导：一位哲人说过，世界上没有完全相同的两片树叶。我想世界上也不会有两个性格完全一样的人，你相信吧？

男方：相信。

领导：因此，追求完全情投意合的理想婚姻是不可能的。

男方点点头。

领导：因此，夫妻相处的秘密在于相互尊重，相互适应，相互满足，而不是相互征服，相互改造。

男方还是点头。

此后，男方就再没有提离婚的事。后来，他们两口子过得很好。

俗话说：清官难断家务事。人家的感情纠葛是最难解决的问题了，因为没有一把感情的标尺告诉他们怎么才算包容，怎么才算爱。但我们只要抓住一些他们不能说“不”的问题，就能悄悄地解开别人心中感情的密码。

苏格拉底，被称为最有智慧的说服者，他的秘诀就是巧用“是”字战术，上文已经说过了。他总是问一些对方肯定同意的问题，然后渐渐引导对方转到既定的方向，当对方觉察到时，结论已统一了。

很多知名的销售大师、保险大师、谈判家包括希望得到好口才的人都用过这种大胆的做法，即问对方只能以“是”回答的问题，然后用这些问题引导对方思考。

英国曾经有一个著名的脱口秀节目，其中一期邀请的来宾是当年美国最大保险公司的业务冠军。

在节目当中，主持人从场内找了一名从来不抽烟的观众，要求来宾在五分钟之内说服他买下烟灰缸。计时开始后，这个业务员就不慌不忙地开始请教这位观众如下问题：公司里头有没有人在抽烟、公司的烟灰缸够不够、烟灰缸不够会有什么坏处、对他个人有没有什么影响等等。等这位观众回答完这些问题的时候，他已经决定买下这个烟灰缸放在上班的地方了。

从这个例子，我们得知，说服时可以用问题引导对方思考，而且前提是这些问题都是要求对方说“是”的。这也暗合了卡耐基的一条原则：谈判要成功，一定要设法让对方说“对”。要做到这一点，就需要通过问问题的办法来渐进地引导对方同意你的观点。

所以，我们应该向苏格拉底学习“精神助产术”。

从一开始就让对方说“是”

在你与他人的说服过程中，如果能一开始就让对方说“是”，说明这件事已经成功了一半。如果你能让对方连续说“是，你说得对”，那么这件事的成功就有了99%的把握。如果你还没有这样的把握，那就必须从现在开始改变你的谈话策略，设法让对方说“是”。

很多人只知道顺着自己的思路，不断强调自己的观点，以为口若悬河、对方在听就能证明自己说得好，对方就一定能接受。事实上，这是个很大的误区。只要没有得到对方认可性质的回答，就不能算是成功地说服。在你与他人的交流中，你必须一开始就设法让对方说“是”。“不”是最不好的开始，一旦对方说出“不”字，就意味着你的观点未被认可，如果对方连续说出几个“不”字的话，你就一定要趁早结束你的谈话，因为你的谈话并没有得到对方的欢迎。

日本著名心理学家多湖辉认为，要说服人，得从对方不得不回答“是”的问题开始，这样，他的自我防卫就会松懈，接下来的问题也会很容易回答出你想要的“是”。如果一开始就让对方回答“不”的问题，他的防备就会更加坚固，你也就无从下手了。

美国明尼苏达大学的马可·辛德和麦可·康尼汉做了一项

实验。

他们随机打电话给30个人，问他们是否愿意回答公共服务机构的8个问题，结果有25个人同意。接着他们又打电话给另外32个人，问他们是否愿意回答50个问题，结果有24个人拒绝。

过了两天，他们以另一研究机构的身份，打电话给第一批愿意回答的人，问他们是否愿意回答30个问题，结果近70%的人表示愿意，接着又打电话给第二批拒绝回答的24个人，问他们是否愿意回答30个问题，结果，只有12%的人同意。

这项研究证明：开始说“是”的人，他就会继续说“是”，相反，开始说“不”的人，就会一直说“不”。

由此可见，一开始就让对方说“是”是多么重要。要说服人，就一定要有好的开头，一开始就让对方不得不点头称“是”，然后让他继续不断地说“是”，直到达到你的目的为止。

两个人谈话，如果一开头就比较投机，这样的谈话一般都会有好的结局。但是在初次见到某人的时候，你不见得能找到对方一定感兴趣的话题，碰壁是在所难免的，这时我们应该怎么办呢？

经过很多次的实验和考量，我们得出最好的办法就是，先肯定他的“不”，然后改变话题，或者改变谈话的策略。也就是说，先强调对方和你都赞同的部分话题，然后慢慢地在双方有分歧的部分中，再找出双方都可以接受的部分，如此往复，你就能缩短彼此的差距。接着，你就可以与对方商讨。其实成功是最重要的，再说怎么会让对方成功就可以了。只有双方达成一致，才能使双方在合作中获利，达到双赢，这样你将最终获得说服的成功。

说服中，技巧可以掌握，但情绪往往很难让人琢磨。我们有很多的理由让对方说“是”，对方同样也可以有很多理由说“不”，而在这些理由中，最难挽回的一项恐怕就是双方发生冲突了。因此，在说服的过程中，如何控制好自己的情绪，非常重要。如果你的情绪运用和处理不当，往往会造成两败俱伤的结果，更不要说“双赢”的目的了。

所以，我们要在说服之前就预先准备一个缓冲机制，这个缓冲机制说白了就是我们对有可能引起的冲突的谈话进行推脱和扭转，比如适当的保持沉默、说些柔化的语言等等。这有助于我们管理自己的情绪，也控制对方的情绪，大大降低冲突发生的机会，也就不致沦落到听对方说“不”的局面。

比如很多领导常会跟下属抱怨说，为什么经常上班迟到，不能每天按时到岗？下属如果这时直接跟领导说：“我已经来得很早了，可是这段时间修路堵车是没有办法的，您为什么不能体谅一下？”结果一定是领导感觉自己遭到了埋怨，难道迟到还有理？这时误会甚至是争吵都是有可能发生的。

下属这个时候可以先不做明确的反应，而是先跟领导承认错误，再说说自己的工作中其他的毛病，让领导觉得自己的提议被重视，而且你并不是没有上进心，最后再跟领导解释迟到的苦衷就万事大吉了。

珍贵的信息：信息限制法

一位小学老师曾对我说，当教室里特别嘈杂时，说一声“大家都安静了”，根本没有任何效果。孩子们依旧我行我素地吵闹，根本不会听你在说什么。但是，如果提醒他们说“下面的话老师就说一遍，大家听好了”，学生们就会马上停止交谈。

从某种意义上说，“只说一遍”“对任何人都要保密”这样的话，可以叫作限制所提供的信息，这种方法被称作“信息限制法”或“只说一遍”法。因为人们会重视珍贵的信息，所以你说了这种开场白，对方就会准备认真听你的发言。

在垃圾信息满天飞的今天，人们更在意“被限制的信息”，认为这才是珍贵的信息。在谈话节目中，如果想掩盖广播中的禁止用语或是人名时，会加入“滴滴”的声音。这也可以说是一种吸引听众兴趣的技巧。人们就不会离开这个节目，会一直听到最后。这就像是春节联欢晚会上赵本山的小品《同桌的你》中的“此处省去×××字”一样，很能引起听者的联想，从而提高兴味。

信息越难获得，它的价值就越高。记住这条心理法则。例如，在使用投影仪和幻灯片时，不要一下子公开所有的信息，而要在事前用纸把重要的信息遮盖起来，在讲解进行到高潮时，再把遮住的信息露出来，给听众以强烈的冲击。

此外，信息限制法也可以作为一种讲话技巧来应用。一般来说，在推销产品时和商业谈判中，应该干脆利落、精神百倍地发言。因为声音洪亮，容易使对方听懂你的话。但是，从信息限制法的观点来看，当众发言时用稍微小一点的音量来说话，也不是一件坏事。为什么这么说呢？这是由于正因为不容易听清，听众才会认真地倾听。

这个技巧同样适用于商业领域。如果你从一开始就声音洪亮、精神百倍的话，到演讲的后半部分就容易疲惫，只能筋疲力尽地结束自己的演讲。从听众的角度看，在还没做好心理准备的时候，突然听到很大的声音，也容易心生不快。因此，你不如在刚开始讲话时用稍微小一点的音量，等听众的注意力完全转移到你身上时，再逐渐提高音量。

“电风扇”式公众说服法

台湾著名学者李敖曾在演讲中说，作为一个演讲的人，要很礼貌地照顾到在场的每一位听众，可是当讲堂是发散型的时候，从左到右，从右到左，我觉得自己就是一台电风扇。

李敖说得很对，很有道理。不管是在说服中，还是在其他与此类似的说话场合，都要尽可能照顾到每一位听众。我们把这一演讲或说服技巧，叫作“电风扇式公众说服法”。

很多商界人士在进行一对一的谈话时并不会紧张，但在人数较多的听众面前却不能自然大方地进行说明，这是一个很正常的现象。因为当所有人的视线都朝向你时，你的压力是相当大的。动物园的猴山旁边会有“请不要和猴子对视”的告示牌。由此可见，被紧紧盯着时会产生紧张情绪的并非只有人类。但是，讲话时不停地四处张望也会失去人们信任，而仅仅盯住一个地方又显得非常不自然。因此，最自然得体的做法就是和一个人对视时目光从左边里侧开始呈“Z”状移动，就如电风扇一样。这样做既能使自己镇定下来，又能向全体观众展示自己。说一个句子，然后把视线移到旁边的人身上，再说一个句子，然后继续转移视线。这也称作“一句一人法则”。当然，现实中要灵活运用，不可死板拘泥。

讲话时，和某一位听众进行了目光上的对视，这位听众就会觉得“今天的发言人在对我讲话”，因而对你心存感激。而在讲话的你，也会有一种和每一位听众个别交谈的错觉，心情就能平静下来。

具体来讲，如果听众集中坐在前面的座位上，你应该从最左边的后面开始，按顺序使视线呈 Z 状移动。视线移动时要注意以下几点。

和一个人对视后，呼吸一次，再将视线移到下一个人身上。在和听众对视之后，要微微笑一下。如果一下子就把视线移开，会让对方觉得不愉快。

在听众非常多的情况下，可以直视正中间的两三位听众。不用一板一眼地和每一个人都进行目光上的对视。

从时间上说，每隔 15 秒到 20 秒移动一下视线比较好。一般来说，人们说一个句子要用 20 秒的时间。

但是，说到底这都是一些一般意义上的观点。对于特别容易紧张和怯场的人来说，如果发现了面带微笑、频频点头表示赞同的听众，也可以只和这样的听众对视目光，借此来顺利地推进讲话。因为看到了专心听自己讲话的人，心情就能平静下来。镇定下来之后，再让视线呈 Z 状移动就可以了。

对于不习惯上述方法的人来说，突然移动视线，可能会让人觉得你在四处张望。因此移动视线时一定要平缓、轻柔，做得非常自然，一点也不生硬。

尽量准备“大型”资料

要想在说服中顺利变“不”为“是”，就不要过于相信自己的临场发挥，而要切实地做好说服前的调查工作。只有做足功课，才能做到有的放矢。

在准备资料时，应该尽可能准备“大型”的资料来进行说明，这样才能完全吸引住听众。在公众演讲中，PPT 是比较常用的工具。因此，我们要让我们的 PPT 尽可能地具有强大的说服力。

如果在一张幻灯片上演示好几张图表的话，就会削弱每一张图表的重要性。每一张幻灯片上只放一张图表的话，图表的比例就会变大，图表才能得到充分的展示。

人们一般认为大的东西才是重要的。大房子、大汽车、大电视、大院子、大狗等等东西都是财富的象征，从这里就可以看出人们的这种心理倾向。一幅又小又看不清的图表和一幅大的图表，虽然二者的内容完全相同，但能带给观众强烈冲击力的，肯定是大的图表。

中国的某个杂志有一期的销量达到了 1000 万册，就是因为当时的社长英明决定“把杂志做得大一点”。这本杂志的内容和其他的同类杂志并没有什么大的区别，但是仅仅因为变大了，对于读者而言，杂志的价值就提高了。现在书店里有很多袖珍书籍，但其销量却不一定比中等大小的书本更高。

在推销商品时，如果需要展示样品的话，你就应该尽量准备

“大型”的样品。除非你推销的是“小型化”“便携式”的产品，否则应该准备大一点的样品和实物。这样做的话，推销的效果能提高好几倍。

1992年，英国政府发行了面值5便士的硬币。可能是为了降低成本，新制作的硬币比原来的小了。

某位心理学家对此产生了兴趣，他故意在街头丢了一枚旧的5便士硬币和一枚新的5便士硬币。结果发现，行人们都会捡起旧5便士的硬币，而不会去注意新的硬币。虽然从价值上说，二者是相同的，都是5便士，但是大的硬币对于行人来说更有吸引力。

从这个心理实验中我们可以明白，人们喜欢大的东西。因此，不管推销什么东西，都应该事先准备好“大型”的资料，尤其是当你使用幻灯片进行讲解时。如果幻灯片上的字非常小，坐在会场后面的观众就会看不清楚。这种资料当然无法引起观众的兴趣。

第八章
赢在谈判：商场驰骋的操纵术

谈判是说话、办事当中所经常会遇到的事情。我们每天爬起来，所面对的世界就是一个巨大的谈判桌。不管是邻里之间的小纠纷，还是跟领导或下属之间的小矛盾，谈判都是最佳的解决方法。大多数人会觉得谈判是一件很难的事，不仅要拼心理学、博弈论，还要比口才与耐力。如何才能在谈判中不辱使命、稳操胜券？

打赢空间争夺战

地位高的人在某种程度上可以侵犯地位低的人的隐私和个人空间。例如，老总可以旁若无人地到职员的办公室。这是部下不具备的“空间侵犯权”的表现。

一个人的地位越高，能够占有的空间就越广阔。无论是高级轿车，还是官邸、办公室等，地位越高，就能拥有越广阔的空间。所以，中国古代的皇帝就常常说，“普天之下，莫非皇土；率土之滨，莫非王臣”。

另外，地位低的人拥有的空间则非常有限。很多人挤在一个办公室里，只能和大家共享一个空间。也就是说，能不能拥有足够的空间正是地位高不高的一个标志。现在大学毕业生经常和公司同事租住一起，在寸土寸金的城市，甚至还像宿舍一样，分上下铺。有人想了一个形象的词来形容这一现象，叫“蚁族”。

在商业谈判中，能不能占到优势和能不能控制对方的空间紧密相连。如果能控制更多的空间，就能得到更多的利益。比如，你在和对方面对面坐着交谈时，如果想摆出强硬有力的姿态，就应该不露痕迹地把自己的咖啡杯和记事本往前放，这样能够侵犯到对方的空间。把自己的笔和资料等物品“咚”的一声放到桌子上叫作“做标记”，表示“这里是我的空间”，我的地盘我做主嘛。这就像我们在自己家可以随便怎么坐都行，但去了朋友亲戚家，只能中规中矩，听主人吩咐。

在桌子上争取到足够多的空间，仅仅这一点就能给对方施加无形的压力。经常有这种情况，在商务谈判中，虽然开始时大家都是平等的，但是谈判结束时，占桌子空间更多的一方往往能得到有利的结果。因此，根据占据空间的多少甚至能够预测出谈判的结果。

如果对方用咖啡杯和其他物品占据了你的空间，你该怎么办呢？当然，你不能放任不管。为了表示你不允许对方侵犯你的空间，你应该不露声色地反击，去占据对方的空间。你可以说一句"有一份资料想请您看看"，这样就很自然地把对方的东西从桌子上拿开，而且还能起到反击的作用，即利用你的资料去侵占对方的空间。因此你应该随身携带一些无关紧要的资料，在对方侵占了你的空间时，作为反击的武器派上用场。所以，让干瘪的公文包膨胀起来吧。

控制空间就是控制在空间中人物的心理。请尽量多占据一些对方的空间。这是一个能让你在商业谈判中取胜的战术。

在与人交谈时或在谈判中过于紧张的人，应该事先把用着很顺手的笔和记事本放在桌子上。只要你控制了桌子上的空间，就能够在心理上处于优势地位，从而渐渐平静下来，不再紧张。

争取更多时间

除了争夺空间，争夺时间也是心理战中的有效战术。因为如果你能占据对方的时间，就表明你具有随心所欲操纵对方时间的能力。因此，你准备和对方见面时，应该尽可能地根据你的情况决定见面的时间，绝对不可以说“根据您的时间定吧”这样的话，否则，你就是主动降低了自己的气势。我们看美国的电影，会注意到那些小人物去见大人物，往往都是由大人物来决定会见时间。时间就是金钱，时间就是力量。

而在政治性的会晤中，邀请对方国家元首到自己的国家访问是国力强大的一个标志。这一点也同样适用于商业中的时间约定。也就是说，能够决定会见日期的一方在当天的会见中能够发挥巨大的领导作用。

如果对方提出要在星期几或是哪天见面的话，那你就要决定见面的具体时间。如果不想在见面时被对方的气势压倒，秘诀就是不让对方从头到尾掌握时间控制权。如果你有“对方特意来和我见面”这种想法的话，你的气势就特别容易受挫，很容易对对方唯命是从。

在商业谈判中，如果可能的话，你应该尽可能多地掌控时间。这样从一见面，你就把对方放在了一个比你低的位置上。最简单的方法就是让对方等你。大人物往往姗姗来迟，让对方等你也就是占据了对方的时间。

加利福尼亚州立大学的心理学家罗伯特·莱宾教授曾经指出：让对方等待时间的长短，取决于这个人的重要程度。比如学校里的教授，能让学生长时间等待的教授往往会被认为是重要人物。我们在大学里，每次去听大牌教授的讲座，都是提前占座，然后翘首以待。但这些教授，总是会因这样那样的原因迟到。我们无意去计较他们的这样那样的借口，只是会在心理上更加确信这是一个大人物，然后在讲话一开始就报以热烈的掌声。

人们总是不愿意找有很多空闲时间的财务顾问和律师咨询问题。他们从内心深处更愿意找那些见一面都非常难，日程表上接连好几个月都没有空闲时间的顾问咨询问题。这就像我们想去寺庙上香，如果这里人物寂寥，我们就会怀疑此行是否能达到预期目的。如果香火鼎盛，我们会觉得这时因为很多人都来还愿，会更加急急地随大众一起去。

根据心理学家詹姆斯·帕鲁斯和卡萨力·安达克做的一个非常独特的实验，我们得知，大学课堂上如果讲师上课迟到，学生只等 10 分钟就会回去，副教授的话能等 20 分钟，教授的话能等 30 分钟。由此可见，随着地位的提高，一个人能占据的对方的时间也会增加。

在谈判中，如果想让对方答应你的要求，那就比约定的时间晚几分钟再去，这是一个有效战术。如果迟到几十分钟的话，会让对方觉得你很没有礼貌。但如果只迟到几分钟的话就完全没有问题。这样，占用对方的时间就成为一个事实，你就能给对方留下“我是一个大人物”的印象。

在谈判过程中，请同事或秘书给你打电话，然后对对方说：“对不起，我接一下电话……”让对方等你 5 分钟左右，这也是一种谈判技巧。电影里面常常通过这样的镜头来显示谈判一方的“老大”地位。

通过占用对方的时间，无形中取得了心理优势，而且可以向对方表明“我可是个大忙人”。无论你多么空闲，都不能让对方看穿这一点，否则你就不能成为一名成功的商人。你应该显得非常忙，而且要尽可能按自己的步调控制时间。这是一个简简单单就能控制别人的好办法。

椅子也是有力的武器

在快餐店中，我们必须坐在固定椅子上用餐，这样就不得不和素不相识的人面对面吃饭。这是快餐店为了提高客流量的一个好办法，它的好处是不让顾客长时间地在店内用餐。谁愿意面对着陌生人而奇奇怪怪地低头吃饭呢？所以，我们想尽快完成吃饭的动作然后尽速离开。

在商业活动中，也可以在你的椅子上稍下点功夫，取得心理优势。比如，准备一个比较低而且坐上去很舒服的椅子。这样的椅子，人们一坐上去就很难站起来，甚至连身子也不好动。而且这种椅子会让对方呈一种向后下陷的姿势，只能仰视着你。

因此，事先准备这种又低又舒服的椅子来接待客人的话，对方就有可能更轻易地答应你的要求。另外，椅子带有扶手的话那是最好不过的。因为椅子带有扶手，对方就不方便用手势等肢体动作来展开谈判技巧，这样你就能在谈判中处于优势地位。我们想想时下很流行的一部电影——《社交网络》。温特沃斯兄弟为了知识产权问题去拜访哈佛大学校长萨默斯。校长当时正看着文件，当兄弟俩落座时，他才抬眼看他们。温特沃斯兄弟坐得椅子就显得非常低，而且是带有扶手的，所以一点优势都没有。接下来的谈话结果如何，不难想象。

椅子的摆放也非常重要，椅子应该尽可能地摆在让阳光正好照到对方脸上的位置。让对方感觉到刺眼，这也是一个有效的技巧。

使用椅子的另一个战术，就是在不会被对方发现的情况下，把椅子腿削掉一点。腿不平的椅子，坐上去会有点摇晃。这样就能影响对方的正常思维。如果你想让对方思维混乱，或是不想让他注意到细小的数值和错误的时候，这是一种有效的战术。但是要注意，如果把椅子弄得太低的话，对方很有可能会察觉到。

“椅子战术”曾经在实验中得到证实。康涅狄格大学的心理学家马戴鲁博士曾经在学生不知情的情况下，准备了一些两条椅子腿被削过的摇摇晃晃的椅子和一些正常的椅子。然后让学生们坐在椅子上做需要集中注意力的校对工作。结果表明，坐在摇摇晃晃的椅子上的学生频繁地出错，因为不稳的椅子会扰乱人的注意力。因为摇晃的椅子会不时地打乱你的注意力，让你心不在焉，非常烦躁。

尽可能打“主场”

进行商业谈判或其他诸如此类需要说服事件中，你应该尽量让对方来你的公司。特别是第一次见面的时候，应该尽可能想办法让对方来你的公司或地盘。为什么这么说呢？

因为你的办公室是你这一方的“优势空间”，你很熟悉自己的办公室，你不会产生不必要的紧张，而且能给对方施加心理上的压力。让别人远离自己可以掌控的环境，这就无形中增加了你取胜的筹码。

在体育运动中，在对手所在地进行比赛叫作“客场”（away），在自己的地盘上进行比赛叫作“主场”（home）。根据大量的调查我们发现，人们在自己的地盘上进行比赛时更容易取胜。这是因为人们到了一个陌生的地方，就会胆怯，不容易发挥出自己的能力。

根据动物行为学家拉杰克的观察得知，即使是平时很胆小的小狗，也敢追赶跑到自家院子里的大狗。鸡也是一样。如果别的鸡跑到自己的鸡栏里来，原来在栏里的鸡就会有一种优势，它会去追赶后来的鸡。所以，“虎落平阳被犬欺”。

田纳西大学的心理学家卡洛伊和萨德斯·特劳姆曾经做过一个让大学生们讨论问题的实验。这个实验是在大学生的宿舍里进行的，分为“在自己的宿舍讨论”和“打扰别人，在别人的宿舍讨论”两种情况。

实验中，用秒表悄悄记录了在自己的宿舍发言的人的发言量以及以“客人”的身份去别人的宿舍发言的人的发言量。结果表明，在自己宿舍里讨论的人能够自由发言，与此相对，作为客人时却发言不多。而且，在两个人意见不一致的时候，在自己宿舍的人的发言往往占绝对的优势。这个实验的结果证明了“在自己的领地进行谈判，心理上就能处于优势地位”这条法则。把对方叫到你的领地里来，自然而然就能提高你的谈判能力。

公司的高层人员之所以能够对部下发号施令，是因为他拥有和他的地位相应的优势空间——个人办公室，他能把部下叫到自己的办公室来。如果你能把对方叫到你的办公室进行商业谈判的话，就能进一步提高你的优势地位。这就是你的“领地”的作用。

在美苏处于“冷战”状态时，肯尼迪和赫鲁晓夫曾经约定要进行美苏首脑会谈，其中最有争议的一点就是会谈地点。最后，双方互相让步，将地点定在了奥地利的维也纳。为什么引起争执的不是会谈的内容而是会谈的地点呢？正是因为如果能让对方来本国谈判的话，谈判结果就会对本国有利。

大家都知道，奥运会主办国家往往比别的国家更加具有优势。这也是因为“领地优势”在发挥作用。之所以每个国家都拼命游说国际奥委会成员在自己的国家举办奥运会，既是因为奥运会能带来巨大的经济利益，也是因为在自己国家举办的话，本国选手更容易夺得金牌，从而能提高本国的国家声望。2008 年举办的北京奥运会，就刷新了中国人获得奖牌的历史纪录。

在商务活动中招待客人时，选择自己常去的饭店已经是大家的常识了。你常去的饭店就好像是你的领地，能够起到在你的地盘招待客户的效果。

如果是对方招待你的话，你应该事先去招待场所看一下。店主是个怎样的人啊，洗手间在哪里啊，事先了解了这些信息，你的心理压力就会减轻很多。

其实，我们可以想到，为什么高考等大型考试时，都要考生提前到考试地点熟悉环境？

打感情牌永远有效

谈判是一个说服的过程，谈判的主体是人。而人是一个感情动物。人和人之间存在着一种感情链，如果在谈判中抓住了感情链中的任何一环，都有可能产生连锁反应，达到能使人所接受的感情切入点。这就是谈判活动中说服对手，达到自己谈判目的的基础。基于人的社会性，人们的感情场周围布满了各种各样的感情，所以你要在谈判活动中打动对手，征服对手的心，并不是一件可望而不可即的事情。

蓝斯顿是曼哈顿一家报社的记者，一次奉上司之命写一篇有关某大公司的内容报道。他非常想获得该公司的详细资料，于是他找了该公司的董事长约定了会见的时间。

当蓝斯顿先生被引进董事长的办公室，一个年轻的秘书从侧门伸出头，她告诉董事长今天没有邮票可以给他。

“我在为我那 10 岁的儿子收集邮票。”董事长对蓝斯顿解释说。蓝斯顿说明了他的来意之后，访谈开始进入正题，但董事长对蓝斯顿的采访采取模棱两可的回答态度，他不想认真回答，无论蓝斯顿怎样好言相求都没有效果，访谈只得很快结束。

蓝斯顿回到家中，苦思良策，忽然，灵机一动，他由董事长秘书所说的邮票，想到了董事长 10 岁的儿子，再由此联想到他所在报社的外事部门专门收集从世界各地的信函上取下来的邮票……于是他有了主意。

第二天一早，他又去拜访那家公司的董事长。他首先请人传话说，有一些邮票要送给他的孩子。结果，蓝斯顿受到了热情的接待。董事长满面微笑，非常客气。他一边仔细地欣赏那些邮票，一边高兴地说：“我的孩子肯定会喜欢它们……瞧这张，简直是无价之宝！”

接下来，蓝斯顿同董事长先花了一个小时聊有关邮票的情况，看他孩子的照片，然后又花了一个小时，董事长把蓝斯顿想知道的情况都说了，并且把他的下属叫进办公室，询问了一些具体的情况，甚至打电话给他的同行，咨询其他对蓝斯顿有用的资料。总之，把他所知道的所有一切都一股脑儿地告诉了蓝斯顿，结果，蓝斯顿满载而归。以邮票为媒介，使蓝斯顿以间接的方法，成功地说服了对手，获得了自己所需要的信息。蓝斯顿之所以成功达到目的，是因为他看准了这一点，采取一种间接的说服方式，针对对手感兴趣的事情，以表面上与本意无关的事物或行动去打动对手的心，使之产生好感，从而达到自己的目的。蓝斯顿从单纯采访的角度发掘不出董事长的真心话，却用邮票这块小小的敲门砖，融洽了感情，达到了采访的目的。

在谈判桌上，即使与对手针锋相对、势同水火，若能适度关心与体谅对手，往往能收到奇效。

美国著名讲演家戴尔·卡耐基曾经说过："将对方视为重要人物并以诚相待，纵使是敌对者也会成为友人。"

某城市电话公司曾遇到了一件麻烦事。一位苛刻的用户对电话公司的服务不满意，因此在电话公司要缴收电话费的时候大发雷霆。他认为这些费用对于他所享受到的服务而言，简直有如敲竹杠，一进门他就怒火满腔地宣称，要把电话连线拔掉，并且到有关方面提出申诉。

为了解决这一抱怨，电话公司派出一位最干练的"调解员"前去见那位脾气暴躁的用户。在双方见面之后，那位暴怒的用户盛气凌人地向调解员发泄着他的愤怒，而调解员则静静地听着，不时地说："是的。"对用户的不满表示同情。

事后那位调解员回忆道："他滔滔不绝地说着，而我洗耳恭听整整 3 个小时。我先后去见过他四次，每次都对他发表的观点表示同情。在第四次会面的时候，这位用户说他准备成立一个‘电话用户权益保障协会’，我立刻表示赞成，并说我一定会成为这个协会的会员。这位用户从未见过一个电话公司的人同他用这样的方式和态度进行交谈，于是他的态度逐渐变得友善起来。前三次见面，我甚至连他见面的原因都没有提过，但是在第四次见面的时候，我们已经化敌为友，事情顺利地解决了。这位用户该付的费用全部照付了，而且还主动撤销了向有关方面的申诉。”

在上述的谈判实例中，那位无事生非的用户，在对电话公司的这场抗议中，自认为是扮演了一个主持正义、维护大众利益的角色。而事实上，他所需要的只是一种自己是重要人物的感觉。当调解员以耐心倾听来面对他的控诉，他获得了其所需要的这种感觉，满足了他的权力欲和虚荣心之后，那些无中生有的牢骚自然就烟消云散了。电话公司的调解员成功地运用了一种心理学中所谓的“暗示性赞美”，而这种赞美恰好是人们喜爱被奉承的通病所需要的药方。

当一个人受到来自他人的尊敬和信赖的时候，他都会从内心感到高兴，虽然明知道那是拍马屁，但听起来也会感到舒畅。自尊心越强的人，越会有这种倾向。在谈判桌上，自尊心很强的人往往比较难以对付，如果你希望他能够接受一项繁杂而又为一般人所难以接受的条件时，最好的办法是触及他的自尊心。一般来说，自尊心强的人大多很自信，并且不论在任何场合下都会认为自己是与众不同的，不愿和普通人混为一谈。所以，你在打动他的时候，要注意在不知不觉中使他意识到“为何我不去烦劳别人，却偏来麻烦他”的原因。比如，“想要彻底解决这类的难题，实在是非你莫属”。如此简单的一句话，一定能够打动对手的心，使得许多难题迎刃而解。

这种“暗示性的赞美”曾经在一家公司的人事主管手中发挥了神奇的效果。他经手过多次公司往下属分公司调配人员，每次都进行得非常顺利，没有引起别人丝毫的反感。本来该公司的下属分公司分布于地处偏远的乡下，除非特殊情况是很少有人愿意去的，但这位人事主管是采取了什么说服手段，让那些人高高兴兴地下乡去呢？

首先，他总是将乡下分公司的工作情况批评得一无是处，然后特别强调必须是一位非常能干的人选才能够整顿那家分公司。他说：“如果这样下去的话，分公司迟早会撑不下去的，所以必须尽快设法解决，但这件事情并非任何人都可以胜任的，必须是一位有相当能力的人方可担当。万一选人不当，对分公司会有相当大的影响。”

在他的话中，他有意无意地强调“非你莫属”。所以，当下派的员工在接到任命之初，还会产生“流放”的感觉，但听了他的这一席话之后，自豪之情油然而生，而且下派之后他真的干得很出色。

据说该人事主管的这种做法屡试不爽，从未引起过任何麻烦。

务必看好你的底牌

通常人们认为，谈判的力量是以谈判者所拥有的财富、政治关系、体力、朋友及武力所形成的。而实际上，双方当事人所拥有的谈判力量取决于：1. 最佳替代方案的吸引力；2. 无所畏惧，“即使谈判破裂亦无所谓”的优势。

假设，在某市火车站的商店里，一位富有的观光客想以公平的价钱买一把小铜壶，店员虽然不算内行，却深知这种铜壶受欢迎的程度，心想：纵然不卖给这位顾客，也可以卖给其他顾客；而观光客虽然有钱、有地位，可是他很可能不知道这种铜壶的市场行情。此时，如果其他商店不卖这种物品，那么观光客在这种谈判场合中的力量就处于弱势，他要么以不合理的高价购买，要么放弃购买的念头。

在这种情况下，“财富”的条件，并不能强化他的谈判力量。如果让对方知晓他是位腰缠万贯的富翁，这位观光客反而更难以公道的价钱购买铜壶。其实，观光客若要把他的财富转化为谈判力量，他应该利用财富去调查铜壶的行情。

让我们再来想想看：一位求职者面对毫无把握的就业机会，他接受面试时的心情会是怎样？他将以什么样的态度来进行有关薪水的谈判？再来看看另一位拥有两个就业机会的求职者关于薪水谈判的态度；比较一下这两个人有何差距？这个差距就是由谈判力的不同造成的。

当对方的谈判实力强大时，你却一头栽入一种实力的竞争，那么，即使你不上对方的当，也势必在备尝艰辛后空手而回。假如对方实力强或经济上占优势地位，那么，根据双方各自所提示的优点来进行谈判较为理想。只有把握住客观标准、事实、互益的原则，来构思最佳代替方案，谈判才不致迷失或败阵。

在自身谈判实力强的情况时出击，应事先拟定协议不成时的代替方案，则容易进行问题本质的谈判，充分地开发并改善已方对于协议不成时的代替方案，可以有效地强化己方的谈判力度。不论对方是否赞同你所拥有的一切信息、情况、时间、财力、人力，你都能运用自己的智慧，设计出一套独立于对方意愿之外，对你最为有利的代替方案。不惧怕随时中止谈判，这一点对谈判结果有很大的影响力。

总之，拟定协议不成时的替代方案，不仅可以决定自己可接受协议的最低限度，而且也能避免接受底线以下的协议。对付谈判高手最有效的策略，就是要事先拟定好自己的最佳代替方案。

谈判中的退让艺术

为了解决双方最后的分歧，做一些对己方全局利益影响不大，但从对方来讲，仍不失为有利条件的让步，以促使对手做出相应让步的策略，称之为上润滑油。所谓“润滑法”，其概念总的来说，是些有价值意义但其分量又不太大的文字或数字条件。不过所谓“不太大”的量，要根据交易标的所涉及的规模而有所不同。规模大的交易中较小的量，在小规模交易中也是大的量，因此，“不太大的量”，仅仅是依交易标的规模而言。除了量的概念外，还有事先已知可以用作妥协的意义，即可以退让的概念。

具体做法是，先将项目的“润滑油”列出备用。比如，某些交易谈判，可将付款条件（有时具有价格的3%~10%的份额），货币选择（可起3%~20%的调价作用），价格种类（FOB还是CFR，价差在3%~6%或更多），专家和实习生的待遇、食宿、交通标准，以及技术考核时间的长短等，作为谈判决战时的润滑剂。

运用此策略应注意：第一，不要在谈判初期，轻易让掉那些作为润滑油作用的条件。第二，运用“润滑法”的时机，一定要在最后的定价或成交阶段，即决定交易成败的时刻。否则，人们是不会关注它所能起到的作用和效果的。

施压：最后期限的力量

期限，在谈判中是一种时间性通牒，可以使对方在压力下迅速做出决定，失去从容应付的机会。从心理角度上讲，人们对已得到的东西并不十分珍惜，而对要失去的、或本来他看来并不重要的东西，却一下子变得很有价值。所以，在谈判中采取期限的诱惑和最后的通牒术，是借用人的这种心理特点去发挥作用的。

一位美国商人带着一大堆有关日本人的精神和心理分析书籍，前往日本进行谈判。

飞机在东京机场着陆时，两位专程前来迎接的日本方面代表彬彬有礼地接待了这位美国商人，并替他办好一切手续。

“先生，您会说日语吗？”日本人问。

“不会，但我带来了一本字典，可以学一学。”美国商人答道。

“您是不是必须准时乘机回国？到时我们可以安排专车送您到机场。”日本代表关怀备至地对美国商人说。不加戒备的美国商人觉得日本人真是体贴周到，以致毫无警觉地掏出回程机票，说明两周后离开。至此，日本人已知对方的期限，而美国商人还懵然无知日本人的计谋。

日本人安排来客用一个星期的时间游览，从皇宫到其他景点全参观遍了，甚至还安排他参加为期一个星期用英语讲解的“禅宗”讲习班，据说这样可以让美国人更易于了解日本的宗教文化。

每天晚上，日本人让这位美国商人半跪在硬地板上，接受他们殷勤好客的晚宴款待，往往一跪就是四个多小时，叫他厌烦透顶却又不得不连声称谢。但只要美国商人提到谈判的问题。他们就宽慰地说：“时间还多，不忙，不忙！”第十二天，谈判终于开始了，然而下午却安排了打高尔夫球的活动。

第十三天，谈判再次开始，但为了出席盛大的欢送宴会，谈判又提前结束。美国人暗暗着急。

第十四天早上，谈判重新开始，不过，在谈判的紧要关头，汽车来了，前往机场的时间到了。这时，主人和客人只得在汽车开往机场途中商谈关键条款，就在到达机场之前，谈判不得不达成协议。

商务谈判的双方可以分为卖主和买主。聪明的卖主知道，某些最后期限，能够促成买主决定购买。以下的10个方法，可促使原本无心购买的买主决定购买：

（1）7月8日价格就要上涨了。

（2）这个大优惠只在20天内有效。

（3）大拍卖将于6月29日截止。

（4）存货不多，欲购从速。

（5）如果您再不惠顾，我们就要倒闭了。或者是：结束在即，大拍卖，欲购从速。

（6）如果你不在8月3日以前给我们订单，我们将无法在9

月 10 日以前交货。

(7) 生产这批货物，整整需要 10 个月的时间。

(8) 唯有立刻订货，才能确保买到你所需要的货物。

(9) 有艘货轮将在本日下午两点开船，你要不要马上购货，赶上这班船呢？

(10) 如果我们明天收不到货款，这项货物就无法为你保留了。

卖主对于时间的压力非常敏感，也许比买主还要敏感些。以下是买主用来刺激卖主完成交易的 12 个最后期限：

(1) 我 7 月 8 日以后就没钱购买了；

(2) 在明天以前，我需要知道一个确定的价钱；

(3) 我要在星期三以前完成订货；

(4) 如果你不同意，明天我就要找别的卖主商谈了；

(5) 我不接受 8 月 15 日以后的估价单；

(6) 请你把价钱全部估出来，明天就把估价单给我；

(7) 星期五以后，我就不一定会买了；

(8) 这次交易需要经过我们老板批准，可是他明天就要到欧洲去考察了；

(9) 这是我的生产计划书，假如你不能如期完成，我只好另找高明；

(10) 我们的财务年度在 12 月 6 日就要结束了；

(11) 我星期一要去度假 3 个星期；

(12) 采购预算会明天就要开，你究竟接不接受这个价格呢？

最后期限常迫使人们不得不采取行动。在日常生活中，同样也有许多时间限制，如早上 8：30 要开始工作，下午 5：00 下班；

一成不变的火车时刻表等等。每个交易行为，都包含着时间的因素，而我们对于最后期限的限制，几乎已有了不自觉的反应。

最后期限的压力迫使人们快速地做出决定，一旦他们接受了这个最后期限，交易就会很快且顺利地结束了。倘若他们拒绝接受最后期限，后果就无法预测了。经验告诉我们，有些最后期限可能是假的；不过，也有些是真的。有些会使我们损失不少，有些却无关紧要。谈判者永远无法确定对方所提出的时间限制是不是真的，也无法正确估出如果拒绝最后期限，可能会有什么样的损失，而决定取舍。接受和拒绝之间的差异，就好像稳握在手中的鸟儿不同于飞跃在树上的鸟儿一样。接受最后期限的人确实能够享有他确定未来的快乐，而不必再去进行一连串的谈判了。我们不难想象如果对方拒绝的话，事情可能会变得更糟糕。

谈判专家的忠告是不必尽信所谓的最后期限。他们认为所谓时间的限制，就像火车来了又去，去了又来。星期三应该交出的报告，如果星期四再交上去，你也不致因此就被开除掉。一月一日截止的大拍卖，通常一月二日还有效。最后期限的限制，只有当你认为它是真的，它才可能是真的；很多时候，只要经过商量便可延期了。

当然，不相信最后期限具有冒险性的。买主说："我星期三以前会向你订货。"但他可能到时不向你订货，让你孤立无助，哭诉无门；卖主说："唯有你今天订货，我才可以保证有货物卖给你。"不管是不是真的，你最好今天就向他订货。因为他很可能在星期三之前就没有存货了。如果对于对方公司的生产计划、存货状况以及需求现金的情形了解得越多，则你越有把握知道这个最后期限是不是真的。

时间就是力量。我们在进行商业谈判，时常为时间的压力所烦恼，甚至永远无法忘掉时间的压力。所以，我们应该十分认真地关注对方的最后期限——例如我们有最后期限，则对方也可能有相同的限制。以下的三个问题能帮助你躲开最后期限的陷阱。

(1) 不管是个人或公司的最后期限，我是否会因这些限制而使谈判发生困难呢？

(2) 我自己或公司的最后期限是不是真的？我可不可以和我方人员商议延长期限呢？

(3) 对方的最后期限究竟是什么？

时间限制有一种无形的迷惑力量。即使我们不需要，往往也会在不知不觉中接受了它。这也就是为什么它的效力如此之大；它常会促使对方做成你希望他做的决定。所以，最后的期限仍然常为人们所相信而接受。

第九章
八面玲珑：能说会道巧应酬

今晚请王董事长上夜总会，明晚大富豪酒楼陈总请客，这星期六要在国际饭店和客户签约……我们的社交活动已被太多的饭局、应酬填满了。可以说，没有应酬就不成为现代生活。

然而，到底应酬是什么？是客套寒暄？还是请客吃饭？或是上歌厅舞场？

不错，这些是应酬，但却不是应酬的全部。

宴席上口才的运用

作为东道主，你应该让客人饮得既要尽兴又要适度，让酒宴上的气氛始终欢快融洽，这就要看你的口才在酒宴上的发挥。在宴席上侃侃而谈、驾驭酒宴的才能才是令大家佩服的真本事。

1. 适度为好

要破除“但使主人能醉客，不知何处是他乡”的旧观念，应当以真诚相待为前提。不知客人的酒量和身体状况，一味劝人多喝，就有失待客之道。

劝人喝酒应遵循喝足不要喝吐，喝好不要喝倒的原则，让客人乘兴而来，尽欢而去。

2. 席间三戒

在酒席上，宾主欢聚一堂之时，戒感情用事、胡乱吹捧、滥用颂词；戒对别人抱有成见，平时无表达机会，酒席上借酒发挥，出口成“脏”，恶语中伤；戒在酒席上、朋友之间相互攀比，口出狂言，目空一切。

3. 注意酒德

别忘了饮酒也是文化，酒宴应当成为文明、礼貌的交际场所。大家叙叙旧，谈谈心，切磋技艺，交流思想，这才是酒宴的宗旨。它应该是显现融洽亲切、高雅欢快的场面。

祝贺语怎么说

祝贺是一种常用交际用语，一般是指对社会生活中有喜庆意义的人或事表示良好的祝愿和热烈的庆贺。通过祝贺表达你对对方的理解、支持、关心、鼓励和祝愿，以抒发情怀、增进友谊。

从语言的表达形式看，祝贺词可以分为祝词和贺词两大类，祝词是指对尚未实现的活动、事件、功业表示良好的祝愿和祝福之意；贺词是指对于已完成的事件、业绩表示庆贺的祝颂。

一般说，祝贺总是针对喜庆意义的事的，因此，应讲一些吉利、欢快、使人快慰和感动兴奋的话。祝贺要注意以下几点。

1. 情景性

祝贺总是在特定的情景下进行的，因此一定要考虑到特定的环境、特定的对象、特定的目的，使之具有明显的针对性。

2. 情感性

祝贺语要达到抒发感情、增进友谊的目的，必须有较强的鼓动性与感染力，因此要求语言富有感情色彩，语气、语调、表情、姿态等都要有浓烈的感情色彩。大多数成功的祝贺词本身就是一篇短小精悍的抒情独白。

3. 简括性

祝贺词可以事先做些准备，但多数是针对现场实际有感而发，讲完即止，切忌旁征博引，东拉西扯。语言要明快热情、简洁有力，才能产生强烈的感染力。有些祝贺词要进行由此及彼的联想、由景生情的发挥，但必须紧扣中心、点到为止，给听众留下咀嚼回味的余地。

4. 礼节性

祝贺词在喜庆场合发表，要格外注意礼节。一般需站立发言，称呼要恰当。不要看稿子，双目要根据讲话内容时而向祝贺对象致礼，时而含笑环视其他听众。要与听者作感情的交流。还可以用鼓掌、致敬等动作加强与听众心灵的沟通，以增强表达效果。

其实，喜庆活动本身就很讲究礼仪，祝贺是其中一个环节，要适时地穿插进去。例如祝酒，在饮第一杯酒之前，主人要致祝酒词。祝酒词内容要围绕此次邀请的主旨，一般包括感谢来宾光临酒宴、阐明宴请的目的、对未来的美好祝愿等。话语要简短，最好要有点幽默感，要使人欢愉、快慰、感奋。为此，辞藻可稍加修饰，但不要矫揉造作。致祝酒词时要起立，致辞后与客人们轻松碰杯，然后干杯。

再如贺婚。贺婚词的内容一般包括三个方面：对新郎新娘的幸福结合表示祝贺、对新郎新娘的爱情加以赞颂或介绍有关趣事、对他们的美好未来真诚祝愿。语言宜简洁优美而富有激情。来宾祝贺后，可由新婚夫妇作答谢讲话。

避免无趣的谈话

我们常会看到这样的情况，两个谈话者中一个谈兴盎然，另一个却哈欠连天，这种趣味索然的谈话是应该避免的，具体的方法如下。

1. 讲个好故事

故事能使观点更清晰，使复杂的问题简单化，使模糊的问题清晰明朗化，还可以维持听众的兴趣，给他们以精神的愉悦，或者起到松弛气氛的作用。你的故事也可以激起同情、使人震惊、激起自豪感。

即使故事本身比较一般，但只要讲法得当，照样会吸引听众。善讲故事者知道怎样运用细节，懂得控制语言的节奏，知道该在什么地方停顿——讲故事需要戏剧化的手法。

2. 随时测试谈话对方是否对你的话题感兴趣

讲话时要随时注意对方的反应，如果对方一直能接上你的话头，就说明对方感兴趣；否则你就该随时提出出人意料的问题，看看对方是否答得出来，如果答不出来，这就代表对方已经对话题感到厌烦，这时你最好换个话题。

3. 如果双方都感到厌烦，你应该给他离开的机会

有些时候谈话双方都会觉得像是被冲到沙滩上的活鱼，除了热和渴之外还觉得头昏眼花，然而谁都不好意思说要回到大海畅游一番。这时候你应当试着打破僵局，礼让对方先走一步。例如你可以说：“我不占用你太多时间了，还有很多朋友等着和你叙旧吧？”

4. 当别人发现你没在听他谈话时

这时对方会有被冒犯的感觉，而你应该立即给人家一个“台阶”，比如“后来怎样？”“你的意思是说？”“你能否再换个方式讲一讲？”如果这还不能奏效，那就再换个方式，比如“对不起，我忘记听了，我正在思考你一分钟前说的事情。”或者“你刚才说的事让我想起了……”

5. 怎样阻止喋喋不休的谈话

如果你实在受不了对方的语言轰炸，可以用非常简短的问题阻止对方，这些问题通常只需要三两个词语回答。这样你就巧妙地给了对方一个信号，而且你也不会显得无礼——因为你是在问对方问题。

6. 用软性词语转移话题

当别人发表反对你的意见或讨论你不感兴趣的话题时，为了避免争吵，你可以转移话题，比如“确实有些人是这么看的，如果你不介意，我想问一问别的方面的问题。”

哪些话题不该说

在交际过程中，一些敏感问题是需要主动回避的。具体包括以下几方面。

1. 与收入有关的事

收入问题纯属个人私事最好不要谈及。例如：你每月薪水多少？年终奖发了多少？

推而广之，与钱有关的最好也不要涉及，如：你买车了吗？

你的房子市价多少？有贷款吗？

2. 争论性的话题

如政治、宗教、堕胎、同性恋和核能等，当有人想谈这些话题时，最好不要参与谈论。

3. 哀伤的话题

在很多场合尤其是喜庆场合中，如死亡、苦痛、饥荒和虐待等话题应尽量避免。

4. 谣言与闲话

最好避免谈及已经发生但不明确的传言。

5. 陈腐和夸张的话题

有些话题，媒体已经报道过度；提出这类主题来作为话题，可能会被认为庸俗而且完全缺乏想象力。反之，如果你拿大家熟悉且能参与的时事来当话题，你将是一个受欢迎的人。

如何在聚会中唱主角

有一些人在社交界非常活跃，无论参加谁的聚会，他们似乎都认得每位客人并且左右逢源。如果你悉心研究就会发现他们成功的秘密。在任何场合，他们所扮演的都是主人而非宾客的角色；他们热心地介绍客人们相互认识，替他们换饮料，为客人指示更衣室，甚至请人上台高歌一曲。

那些甘于扮演宾客角色的人则正好相反，不是无聊得要命就是被其他人所忽视。不要等别人来介绍你，拿饮料给你，或介绍你认识新走马上任的经理，积极主动是达成圆满社交的不二法门。

在人群之中常常是谁能制造话题谁就是主角。因此，你要善于刺激对方的创造力与想象力，如果你知道对方有某方面的才能，或你的问题是能够引起大众兴趣的话题，你可以大胆地征求别人在这方面的想法，刺激他的创意。而如果他的话题被人打断，你要想法诱使他继续原来的话题，这就好比别人在说故事的时候，如果有人在旁边追问结果怎样，说故事的人就会更加起劲。

在你的故事中一定要想法给出细节，因为“事实”是你谈话的“骨头”，还应给它增加血肉——给出背景，描绘出图画。不要只是说：“小宋是个有趣的家伙。”还要说清楚：他为什么有趣？什么时候？做了什么事？说了什么话？不要只是说：“这个专题为我们打开了通往新世界的门户。”什么时候？为什么？怎样？对谁而言？这些才是别人最关心的。当然，故事的生动性还在于使故事与当时的话题关系密切，如果你的故事与大家正在讨论的话题关系密切。就能更好地吸引听众的注意力。如果你的故事使正讨论的话题进一步深化，一定会博得大家的喝彩。

更有趣的是，如果你让别人做你故事中的男女主人公，你一定会大受欢迎，尤其当他们具有英雄的品质时，你最好让你的朋友替代你的角色，否则别人会认为你过于以自我为中心了。

如果当时的空气有些沉闷，你可以把你的谈话目标瞄向“欢娱”，“欢娱”有很广泛的含义：让别人在自己感兴趣的话题上得到新知，给其他人新的信息，对共同关心的话题交换看法，认识有着非凡经历的人物等等。训话或辩论很少能使人“欢娱”，最好避免涉及。

当别人询问你时，要采用机智的回答方式，“机智”包含迅速与聪明两个方面。你可以在平时积累一些机智的回答方式，也可以在对话现场逐步练习。这方面的麻烦更多地来自反应速度，如果你准备了几个有创意的回答，不妨留一两个下次再用。

怎样制造欢乐气氛

在应酬中，人们希望出现令人愉悦的场面，能够制造欢乐气氛的人往往更受欢迎。以下方法可帮助你成为社交场上的活跃人物。

1. 倾心的赞美

老朋友、新同事见面不免介绍寒暄一番，这是一个极好的活跃气氛的机会。借此发表一番“外交辞令”，把每个人的才能、成就、天赋、地位、特长等做一种夸张式的炫耀与渲染，这可使朋友们感到自己深深地为你所了解、所倾慕。尤其是利用这种方式把朋友推荐给第三者，谁也不会去计较真实性，但你却张扬了朋友最喜欢被张扬的内容。这种把人抬得极高但没有虚伪、奉承之感的介绍，会立即使整个气氛变得异常活跃。

2. 引发共鸣感

朋友、同事相聚，最忌一个人唱独角戏，大家当听众。成功的社交应是众人畅所欲言，各自都表现出最佳的才能，做出最精彩的表演。为达到这一目的，就必须寻找能引起大家最广泛共鸣的内容。有共同的感受，彼此间才可以各抒己见；仁者见仁，智者见智，气氛才会热烈。所以，你若是社交活动的主持人，一定要把活动的内容与参加者的好恶、最关心的话题、最擅长的拿手好戏等因素联系起来，以免出现冷场。

3. 有魅力的恶作剧

善意地、有分寸地取笑朋友并不是坏事，双方自由自在地嬉戏，超脱习惯、道德、远离规则的界限，享受不受束缚的自由和解除规律的轻松，是极为惬意的乐事。恶作剧具有出人意料的效果，它起于幽默，使人欢笑。人们在捧腹大笑之际，会深深地感谢那个聪明的、快乐的制造者。

4. 寓庄于谐

社交中需要庄重，但自始至终保持庄重气氛就会使场面显得紧张。当年毛泽东主席在接见国民党谈判代表刘斐先生时说："你是湖南人吧！老乡见老乡，两眼泪汪汪。"顿使刘斐先生的紧张心情轻松了一大半，打消了拘束感，紧张的会谈气氛也因此缓和了下来。

5. 提出荒谬的问题并巧妙应答

生活中，总是一本正经的人会给人古板、单调、乏味的感觉。交谈中，不时穿插一些朋友们意想不到的、貌似荒谬而实则极有意义的问题，是一种很好的活跃气氛的方法。

也许会有人时常问你一些荒谬的问题，如果你直斥对方荒谬或不屑一顾，不仅会破坏交谈气氛，而且会被人认为缺乏幽默感。

学会提出引人发笑的荒谬问题并能巧妙应答，有助于良好社交气氛的形成。

6. 带些“小道具”

朋友相聚，也许在初见面时因打不开局面而陷于窘境，也许在中间出现冷场。这时，你随身携带的小道具便可发挥作用。一个精致的钥匙链可能引发一大堆话题，一把扇子既可用作帽子又可题诗作画，也可唤起大家特殊的兴趣。小道具的妙用不可小瞧。

7. 制造一些无伤大雅的小漏洞

漏洞是悬念、是“包袱”。制造漏洞会使人格外关注你的所作所为，待你抖开“包袱”之后，人们见是一场虚惊，都会付之一笑。

8. 适当贬抑自己

自我贬低、自我解嘲，这种战术是最高明的。往往是老练而自信的人才会采取这种方式。贬抑会收到欲扬先抑、欲擒先纵的效果，众人将在哄笑声中重新把你抬得很高。自我贬抑既可活跃气氛，又能博得他人的好感。

9. 故意暴露一下“缺点”

你可以偶尔故作滑稽，搞出一副大大咧咧、衣冠不整的样子；或莽撞调皮、佯装醉汉，摆出一副满不在乎的神情等等。这些“缺点”平素在你身上不常见，人们突然观察到这种变化，会有一种特殊的新鲜感，你收得拢、放得开的举止会令人捧腹大笑，使大家对你刮目相看。

第十章
君子好逑，爱是“谈”出来的

有一个可以互诉心事的异性，一起分享人生旅途的欣喜，一起承担人生旅途的风雨，甜蜜的爱情与幸福的婚姻，总是那么令人神往……

但愿人长久，千里共婵娟。

用亲切的称呼打动对方

加拿大精神科医生耶利克·巴斯倡导用称之为“抚慰（Stroke）”的行为来表示对对方的关心，如称呼对方的名字，询问、称赞、担心和斥责对方等行为。

抚慰有正面和负面的影响。称赞、感谢对心灵是正面的抚慰；斥责、诋毁对心灵是负面的抚慰；拥抱、握手对身体是正面的抚慰；殴打、踢揍对身体是负面的抚慰。正面的抚慰以“称呼”最能达到立竿见影的功效。

王晓莉是接待人员，每天接待不少的访客，可以清楚地区分出容易亲近或不容易亲近的人。容易亲近的人，对方会以眼神锐利且专注地看着她胸前的名牌，然后精神奕奕地打一声招呼：“王小姐。”彼此熟悉之后，“哇！改变发型了。很适合你的风格噢，从今以后就叫你晓莉好了。”自然地改变称呼，且一直呼叫对方的名字，彼此的感觉便一下子拉近了距离。

一般而言，“王小姐”是比较正式的称呼，但若以“晓莉”“莉莉（小名）”戏谑地称呼，更容易加深彼此的亲密程度。反之，不想变得亲密，就必须注意称呼。

当然，一开始就没有正确称呼对方，自然会引起对方的警戒心；一进入亲密的阶段，如何称呼对方便是门学问了，必须自然不露痕迹地改变称呼，比如在开玩笑，或借助醉意时不要在意花多久时间，尤其切忌太过急躁。从称呼姓到改叫名字，必须有一段时间让对方慢慢习惯。

老是局限于陌生人般的礼节，是根本无法使关系再进一步的。如果很难顺利地和对方谈天说笑时，试试改变称呼吧。

艺术地突破关系的僵局

与异性交往，最重要的是要向对方表现出你对他的信赖。表示信赖的机会其实很多，比如说在付钱的时候，将钱包交给对方去付账。不过，这也要视情况再作决定。一般男女刚认识不久就将钱包交给对方，说不定会造成对方的负担，甚至被对方怀疑是否在试探他呢。

如果你和一个异性朋友交往了很长的一段时间，双方关系不错却迟迟停留在好朋友的阶段，这时你就有必要采取一些行动来试探对方。

在餐厅喝完自己的水后，询问："我可以喝你的水吗？"或盯着对方的盘子说："我想尝尝那块肉的味道。"如果对方回答："可以啊！"表示对方对自己的信任度及亲密感已相当高了，因为异性之间除了亲人就只有情侣才会这样做。

如果对方回答："嗯……好吧。"表示两人之间还有段距离，要再进一步发展，还需要一点时间。如果被对方拒绝，就表示你们还不能算是男女朋友。

观看对方的表情或观察其他的情侣，"你看，他们两个……"以别人当借口，有时可以让彼此的关系成为话题，常会有突破性的进展。

进退自如的求爱术

在现实生活中，异性之间的友谊和爱情有时是十分模糊的，很容易让人误解。因为有的爱非常羞涩，掩藏得非常深；而有的爱则是无意识的，尽管已深深地被对方所吸引，但仍不觉得这是爱。因为人的感情是十分复杂的，兄长式的爱、姐姐式的关怀、妹妹式的依赖和弟弟式的信任，这些交往的复杂感情成分，又往往很容易给人模棱两可的感觉。而对于尚没有意中人的男女来说，对此又非常敏感，对感情信号的接收系统往往倾向于爱情这一边，因而时常会导致错误的理解。

还有一种情况可以算作"中间地带"：既有友谊的成分，也有爱的成分；既可以停留在友谊的层面，也可以上升为爱情的关系。当事人尚犹疑不定，不知道停止还是前进，因而在表现上、言谈间很朦胧，难以把握，很多男女往往处在这"中间地带"而感到很迷茫。

区分友谊或爱情的办法是：当你很明显地感到对方是把你视作普通的朋友时，你就不要有非分之想，可把两人的关系圈定在友谊层面上。当你感觉是"中间地带"，即已分不出是友谊还是爱情，抑或友谊和爱情参半时，就必须采用试探的办法，探明他（她）和你之间是友谊还是爱情。

1. 语言试探

这是常用的手法，也是最直接的办法，因为人们相处最方便、使用机会最多的工具就是语言。试探对方的语言很多，可以直接发问，可以一语双关或借题发挥等等。以下举几个例子：

两人走到一个鲜花摊前，你（男）说："这玫瑰真漂亮，我买一只送给你好吗？"她颔首同意，就买一枝送给她，并说："你如果喜欢这种花，我以后会经常送一束给你，如何？"她如果没有拒绝，说明对你有意。

两人聊天谈到对象、选择时，你可以问："你心目中的丈夫是什么样的？"如果她对你有意，描绘的形象肯定是以你为"模板"的。

两人在谈及人品、性格等话题时，你借题发挥说："谁要是娶了你，肯定很幸福。"看她如何回答，就可判断她对你是否有意。她如果说："谁要是娶了我，肯定会后悔。不过，你别担心，你对我很了解，我绝不会让你难堪的。"那么你就没门了，赶紧刹车或再努力表现等候时机成熟。

2. 形体语言试探

所谓形体语言试探，就是运用眼、身体、面部表情来传达你的信息，看得到什么反应。这种表达方式比较委婉、隐秘，还可免除尴尬。比如，用肩膀轻轻撞击一下对方，如果对方很温柔地看你一眼、羞涩一笑，则说明她接受了你这略带亲昵的举动，也表明她对你有意，鼓励你继续与她亲昵下去；如果她无任何反应，很淡漠，则等于告诉你要知难而退。再如，通过眉目传情试探对方的反应，用温柔的目光注视对方目光片刻，如果她回敬相同的目光，说明她对你有意；如果她不予理睬，眼光很“冷”，甚至开玩笑说：“你怎么看人色眯眯的?”那你就不必抱希望了。

3. 借助物品试探

在节假日（如元旦春节）或对方的生日时，选择一些小礼物送给对方。小礼物要精致但不要贵重，要有寓意，如贺卡之类，让对方懂你心事即可，看她如何反应。比如新年贺卡，如果她回寄给你很礼节性的贺卡，选择很同志式的贺词，则说明她对你无“意”；如果她也同样回寄带有明显情爱寓意的贺卡，你就可以开始进攻了。

4. 委托他人试探

这也是常用的办法。找一个信得过而与对方又很熟悉的人，侧面去了解她的意思。这“第三者”可以直截了当地问她，你似乎还蒙在鼓里，即使对方无意，你也不会难堪。

5. “骚扰式”试探

比如频繁地邀她看电影、听音乐会或经常给她写信，如果她第一次接受或回信，第二次、第三次以后就找借口拒绝或不再复信，那你就不要再指望了。

当你确信对方对你有意时，有情的你就该表达爱意了。虽说这已是很简单、水到渠成的事，但表达爱意也应有些技巧。开好头，为日后浪漫绚丽的爱恋之路开拓一个令对方永生难忘的起点，加速感情的升华。

求爱的技巧最忌俗套、直白，诸如“我爱你”“你愿意嫁给我吗?”之类。含蓄艺术的求爱方式是隽永深长的。

（1）选择好时机和场所

在双方情绪好的时候，选择较有浪漫氛围的场所求爱，比如轻歌曼舞的咖啡厅、空旷辽阔的草原、泉水叮咚的林野田园等等。尽量在一些富有诗情画意的地方，这样有利于调节双方的情绪，增强感染力。

（2）态度要热切而坚决

要让对方感觉到你的求爱是积蓄在心中已久的火山迸发，虽然不用言语来表达山盟海誓，但也要让对方感到你真切的爱慕和急切的盼望。这对还略带犹疑地对方来说，往往有一定的“催化”作用，帮助她下定接受你的决心，打消尚存的一丝犹疑。

（3）借物言情

不用直接示爱，借物言情往往令人终生回味。马克思当年向燕妮求爱时，他说：“我爱上了一个人，决定向她求婚。”燕妮急切地问：“她是谁？”马克思没有直接回答，而是递给她一个小方盒，说：“我离开后，你打开一看就知道了。”马克思走后，燕妮打开一看，盒子里面只有一面小镜子，镜子中映出的正是自己的面容。

（4）一语双关

这是含蓄示爱的惯例。农村姑娘瑶瑶与她青梅竹马的邻居大明互生爱慕，但苦于一直没机会表达，一天，大明抢着帮瑶瑶挑水，瑶瑶撒娇地说：“好，让你挑，你给俺挑一辈子。”

值得注意的是一语双关一定要准确、易懂，不能模棱两可。

另外，求爱时还要注意以下两个问题。

1. 把脸皮放厚些

在恋爱中往往会遇到这种情形，你曾天天在梦里念着的她如今就在你的面前，你却不敢向她表白。这无非是人的自卑在作怪，生怕自己“落花有意”，而她却“流水无情”。

其实，每个人都有爱与被爱的权利，向自己所爱的人表露爱情不是丑事，更不是坏事。

当然，“厚脸皮”并不是不讲策略，当你爱上一位姑娘，又不知道对方是否也爱上了自己时，先不要轻易地表露你的爱，而应该通过观察了解，弄明白对方对你是否“有意思”。

当你发现对方不爱你，最好别鲁莽地求爱，因为那样求爱可能遭到拒绝，给你的心灵造成创伤。若对方对你也有“意思”，这时，你求爱的时机就成熟了，你可以把脸皮放厚些，大胆地向她表露你的爱情。

2. 别指望一次就成功

想一出手就抱得美人归，是不太实际的想法。一次不成，下次再来，二次不成，还有第三次。这是说服女人的诀窍。第一次被她的一声“不”拒绝之后，再加一次。也许，她还会说一声“不”，别灰心，若你再问她：“真的不吗？”或许她就变了：“你猜！”而且还会含情脉脉地望着你笑呢。

大多数女性在被人好意邀请时，都会被对方的虔诚所感动因而不好意思拒绝。如果真要拒绝的话，也会用缓和的口气来表示，“我不知道这样拒绝会不会使你感到难堪？”

因此，第一次被回绝了，就继续努力。第二次若不成，相信第三、第四次一定会成功。

巴斯特是法国著名的化学家，他年轻时看中了校长的女儿玛丽小姐，但他不知道玛丽小姐是否爱他。于是，他鼓起勇气，首先写了一封求婚信给他未来的丈人，介绍自己的财产、身体、工作等情况，以及愿把一生献给化学研究事业的决心。接着他又给未来的岳母写了一封信，进一步介绍自己的情况以及更进一步地表达自己对玛丽小姐的情意。紧接着他又给玛丽小姐写了一封简短而恳切的求婚信："我只祈求你一点，不要过于匆忙地下判断。你知道，你可能错了。时间会告诉你，在我矜持、腼腆的外表下，还有一颗充满热情的、向着你的心。"

巴斯特接二连三的求婚信，终于感动了玛丽小姐。为了科学，他有着顽强、献身的精神；为了爱情，他是如此的忠实坦诚。这样的好青年到哪里去找呢？在父母的支持下，玛丽小姐欣然答应了嫁给他。

女追男，并不难

俗话说：男追女，隔座山；女追男，隔层纱。但这薄薄的一层纱，对于相对矜持的女孩来说，捅破的难度丝毫不亚于翻过一座山。女孩若想让自己心仪的男孩拜倒在自己的石榴裙下，还是需要花一定心思。

1. 把握机会

传统的观念中，向来是男孩主动向女孩追求。但现代社会提倡男女平等，女孩若碰到喜欢的小伙子，同样应该大胆追求，切莫错过良机。

比如在电梯中你有机会与同一个印象挺好的人多次相遇，或是上班的路上几次碰到同一个人，你可以主动与他搭话，尽管你们的交谈十分简单，但有了第一次的交谈，说不定你就迈出了恋爱的第一步。所以当你发现一个自己喜欢的小伙子时，你必须悄悄地接近他，然后设法与之搭讪：

“我们以前好像见过，好面熟啊！”

“请帮个忙好吗？”

诸如此类的话，你不必在乎有没有意义，不妨都大胆地讲出来。话题本身是引子，目的是进一步与他结识。

2. 巧妙暗示

也许你不太适应主动和一位陌生的男孩交往，这时你可以采用另外一种形式，就是以巧妙的方法暗示对方，如果对方领会了你的意思，他一定会主动同你交谈的。

眼睛是心灵的窗口。给对方暗送一个秋波、一个神秘微笑、一副害羞的表情，都会引起异性的注意。如果他领会了你的用意，就会主动过来接近你，这样你就成功了。

3. 打消顾虑，大胆追求

有的人刚开始就想“如果被拒绝了，那该怎么办？”“如果他很冷淡，那多掉价？”其实，这些顾虑只能使你心神焦虑不安，并且使你失去一次又一次机会。

例如，你很想和一个自己喜欢的男孩约会，但拿起电话就是不敢拨号。实际上，只要你勇敢地拨一次电话，事情就可能完全解决了，你也就从此挣脱了那种焦急如焚的心境。即使对方态度冷漠也没有什么大不了。事实上，一般男孩儿对这种敢于主动追他的女孩子都不会给以难堪，反而会心里美滋滋的。

4. 施展魅力，显示个性

每个女性都有她独特的风姿和魅力，不一定全来自外表。或许，你还没有发现自己迷人的地方，但小伙子已经觉察到了，并深深地爱上了你。

漂亮的外表是天生的，而高雅的气质是可以培养的。仪态端庄、气质高雅是女性吸引男性的永久魅力。

要做到仪态端庄，女性应注意的方面有很多很多。比如与男性握手时，不要太用力，应该轻柔；走路要昂首挺胸，脚跟先着地；说话应温和、柔美，笑时要优雅等等，这些都是表现女人味的方面。如果女孩能做到这些，就一定能吸引男性。

5. 偶尔刺激法

当他有了良好表现时，不必每次都奖励他，偶尔夸赞一番，效果反而更好。有时偶尔失约一两次或是若即若离，都能使男人晕头转向。这样刺激他一下，他就会乖乖地倒过来追求你了。

6. 别让他太放心

在和男友的关系到了一定程度后，可以适当减少同他接近的次数，或偶尔跟别的朋友一起看场电影，参加一次舞会，当然不能太频繁。男友一旦发现这种情况，一定会茫然不解、高度紧张。为了不失去你，他会对你猛追不舍。这时你的目的已达到，就可以放弃与别的朋友的各种活动了。

恋爱有时需要降降温。不要一味勾着男友的脖子不停地说“我爱你”，而是应该经常兴致勃勃地谈些与他无关的事情；不再总是痴痴地凝视着他，而要对身边的事物表现出极大的热情。结果，被爱的人会被强烈的爱情燃烧起来了，轮到他痴痴地等电话、赴约会、没完没了地表达爱意了，这样感情反而会升温。

7. 保留一点神秘感

太过于坦白对增进感情并无帮助，如果不停地表白彼此间的感觉，可能只是为了掩饰你们害怕分开，也就没有了乐趣。保留一点个人的小秘密，令对方不时有新发现的余地，更可以巩固彼此的感情。

恋人之间的吸引力来自对方的神秘感。谈话时，突然视线投向远方，做出陷入沉思的样子，男人看到此种“神秘现象”会产生探明究竟的欲望。

如何拒绝异性求爱

如果爱你的人正是你所爱的人时，被爱是一种幸福。但是，假如爱你的人并不是你的意中人，或者你一点也不喜欢他（她），你就不会感觉被爱是一种幸福了；你可能会产生反感甚至是痛苦，这份你并不需要的爱就成了你的精神负担。

初次交朋友，你也许曾经有过这样的左右为难，因为她或他的条件实在让人爱不起来。但是，由于是你的上司介绍的，或者是上司的子女等原因，使你在拒绝上产生了犹豫，虽然每次见面都会使你感到不舒服、不愉快，你一想到对方的身份、上司的威严，屡次想谢绝却又不好出口。有时候，你也许为了顾全对方的面子，而难以开口说个“不”字；或者慑于对方的威严，你不知所措。你就会被这份多余的爱折磨得痛苦不堪，不知该如何去做。

生活中处在这种矛盾中的人太多了，有些人遇到这些情况时不知该如何拒绝，因处理不当，造成了很不好的后果。

怎样对爱你的人说出你不爱他，并在不伤害对方的情况下，让他接受这个事实呢？

拒绝求爱的方法有多种，比如可以用书信，可以口头交谈，也可以委托别人。但不管用什么样的方法，一定要做到恰到好处。以下几点建议，可供你参考。

1. 直言相告，以免误会

你若已有意中人，又遇求爱者，那么就直接明确地告诉对方，你已有所爱之人，请他另选别人，而且一定要表明你很爱自己的恋人。但此时切忌向求爱者炫耀自己恋人的优点、长处，以免伤害对方的自尊心。

2. 讲明情况，好言相劝

倘若你认为自己年龄尚小，不想考虑个人恋爱问题，那就讲明情况，好言相告对方。

3. 婉言谢绝

倘若你不喜欢求爱者，根本没有与其建立爱情的基础，可以在尊重对方的基础上，婉言谢绝。对于那些自尊心较强的男性和羞涩心理较重的女性，适合用委婉、间接的拒绝方式。因为有这类心理的人，往往是克服了极大的心理障碍，鼓足了勇气才说出自己的感情。一旦遇到断然地拒绝，很容易受伤害甚至痛不欲生，或者采取极端的手段以平衡自己的感情创伤。因此，拒绝他们的爱，态度一定要真诚，言语也要十分小心。你可以告诉他（她）你的感受，让他（她）明白你只把他（她）当朋友、当同事或者当兄妹看待，你希望你们的关系能保持在这一层面上，你不愿意伤害他（她），也不会对别人说出你们的秘密。

你不妨说：“我觉得我们的性格差异太大，恐怕不合适。”

“你是个可爱的女孩，许多人喜欢你，你一定会找到更合适的人。”

“你是个很好的男人，我很尊重你，我们能永远当朋友吗？”

“我父母不希望我这么早谈恋爱，我不想伤他们的心。”

如果他（她）没有直接示爱，只是用言行含蓄地暗示他们的感情，那么你也可以采取同样的办法，用暗含拒绝的语言、用适当的冷淡或疏远来让他（她）明白你的心思。

要记住，拒绝别人千万不要直接指出，甚至攻击对方的缺点或弱点。不能以一种“对方不如自己”的优越感来拒绝对方。特别是一些条件优越的女青年，更不能认为别人求爱是“癞蛤蟆想吃天鹅肉”，一推了之或不屑一顾，态度生硬，让人难以接受。

4. 冷淡、果断

如求爱者是那种道德败坏或违法乱纪的人，你的态度一定要果断。拒绝信要语气冷淡，对这类人也没有必要斥责，只需寥寥数语，表明态度即可；但措辞语气要严谨，不使对方产生“尚有余地”的想法。

对嫉妒心理极强的人，态度不必太委婉，可以明确地告诉他，你不爱他，你和他没有可能，这样可以防止他猜忌别人。如果你另有所爱，最好不要让他知道，否则可能加剧他的嫉恨心理，甚至被激怒而采取极端的报复行为。

另外，对方在你回绝后，如果还一个劲地缠住你，那么你首先要仔细检查一下自己的回绝态度是否明确和坚决，对方是否产生了误解；其次可以向组织汇报，通过双方领导或组织出面劝说；如果对方威胁你，那么你不要怕，要及时向领导汇报，通过组织做疏导工作。

爱情保鲜话术

在与另一半进行爱情保鲜计划时，首要之务是你得全神贯注。把别的事全都忘掉，此时全世界都消失无踪，只剩下亲爱的他（她），把你全部的注意力都放在对方身上，专心与他（她）为伴。

重要的不是你说了些什么，而是你怎么说。在亲密示爱的时刻，这个道理就更为要紧。爱意的传达，光靠“谈”情“说”爱是不够的，说话的内容得推敲琢磨，说不出来的部分更是重点。

原则一：在感情中，“感”觉和“情”绪是关键。

你嘴里说“正在想你，觉得很温暖”，但心里却想着“等下开会，一定会被老板骂得很惨”，这种人到心不到的表现以及心不在焉的情绪状态，就连自己都无法感动，又如何能期望另一半感觉到爱意呢？

而当全神贯注时，你传达了一份“我重视你，我在乎你”的意念，这份用心会让对方觉得备受尊重，而且能满足对方心中渴望被尊重的情绪需求。

而爱情，不就是建筑在被珍视的感觉上吗？

唯有专心地让自己沉浸在爱的情绪中，你才能真正有感而发，使另一半动容，确实达到爱情保鲜的目的（否则弄巧成拙，还不如不做）。

接下来给你几个有助于你全神贯注的建议：

开口前先深呼吸几下，让脑中意念及情绪充分转换；

在听对方说话时，跟着他（她）的话去想象；

千万别打断对方，微笑鼓励他（她）把话说完；

对方欲言又止时，告诉他（她）：“亲爱的，我在听，请说。”

只要掌握这些原则，全神贯注就一点也不难，而且三乘三的爱情保鲜计划一次只需三分钟。维持三分钟的专注，绝对是轻而易举的。

爱情保鲜计划的第二个原则是，常常展现浓情蜜意。

这里所指的是肢体上的亲密感。也就是说，在每日三乘三爱情保鲜时刻，别忘了动动口、动动手，用你的身体来传达爱意。

最佳的示爱肢体语言，包括热情拥抱、轻抚脸颊、牵手、搂腰以及亲吻等等（除此之外，你还想得到什么独门的做法吗？）

有时无须言语，只要温柔地拥抱对方，让彼此的身体及心理一起感到温暖，爱意就充分交流无遗。

身体的距离，往往也反映出心理的距离。许多老夫老妻就是羞于亲吻或是忽略碰触，才导致两人渐行渐远。

请千万别低估了身体接触的重要性，为了要经营更浓情蜜意的爱情，请你对另一半毛手毛脚、毫无保留地展示心中爱意。

最后一个爱情保鲜的原则是：表达赞赏和感激。

在每天、每次的亲密时刻，你需要把握机会，告诉另一半你对他有多么欣赏、多么感激，就是要你继续谈情说爱。

如果你在这方面的功力有些减退。没问题，以下我们就详细推敲一下开场白该怎么说吧！

（1）“我喜欢你的……”“我欣赏你的……”例如：“你知道吗？我一直很喜欢你的大方，不论是对朋友、家人，甚至是我的家人，你都愿意伸出援手，而且出手十分慷慨，我很欣赏你这份不计较的潇洒。”

“老婆，我最喜欢你的细心。这件外套什么时候掉了扣子我都浑然不知，幸亏你细心体贴，闷不吭声地把它缝好，没有你我还真不知道该怎么办呢？”

或者：“老公，我很喜欢被你爱的感觉……”

（2）“谢谢你……”告诉他你的感激：“老公，谢谢你这么专心地听我发牢骚，其实都是些可有可无的小事，你却能把我的感觉当一回事，听了这么久，让我觉得很受重视，心情也好多了……”

“亲爱的，谢谢你刚才在朋友面前支持我的意见，你从来都不在人前让我难堪，真是善体人意，让我更加爱你。”

（3）“对不起……”趁机化解一些小误会。“老婆，对不起噢，我今天早上在车上因为上班快迟到而一时心急，对你说话大声了些，真是抱歉……”

（4）“我爱你身体的……”对另一半也该以貌取人一番：“亲爱的，你的眼睛一直很迷人，我最爱看着你的眼睛……”

“老公，你知道我最爱你厚实的胸膛，让我很有安全感……”

时常表达赞赏及感激，是爱情最好的调味剂，它让爱情永远不会平淡无味。